한 조직신학자의
요한복음
공부

영생의 복음

윤철호 지음

한국장로교출판사

머리말

요한복음의 일관된 구원론적 주제는 영생이다. 즉, 예수님을 믿으면 영생을 얻는다는 것이 요한복음이 증언하는 복음의 핵심이다. 물론 예수님을 믿는 믿음은 예수님이 주신 계명인 사랑의 실천과 결코 분리되지 않는다. 믿음과 사랑은 영생의 길이다. 이 책에서 생명 또는 영생이 제목에 들어간 글도 일곱 개나 된다. 그래서 제목을 『영생의 복음』이라고 정했다.

이 책은 프롤로그인 요한복음 개관, 요한복음 본문들을 중심으로 한 설교 16편, 그리고 에필로그인 "나는 영생을 믿는다"로 구성되어 있다. 필자는 목회자 및 신학자와 함께하는 성서연구모임인 BTS(Bible Theology Sermon)에서 지난 일 년 동안 레이몬드 브라운의 『앵커바이블 요한복음』과 네슬리 뉴비긴의 『요한복음 강해』를 교재로 요한복음을 공부하면서 이 글들을 썼다. BTS는 목회 현장에서 매주 설교를 준비해야 하는 목회자들, 특히 젊은 목회자들의 설교 준비에 조금이라도 도움을 주고자 하는 목적으로 만들어졌다. 함께 공부하는 BTS의 동역자 여러분이 없었다면 이 책은 나올 수 없었을 것이다.

특별히 사랑하는 귀한 일꾼들과 함께 성서를 연구하는 장을 허락하시고, 지난 일 년 동안 은혜 가운데 인도해 주신 하나님께 모든 감사와 영광을 올려드린다. 그리고 코로나19 팬데믹으로 매우 어려운 교회 형편 가운데서도 도움의 손길을 베풀어 주신 높은뜻정의교회 정재상 목사님께 각

별한 고마운 마음을 전한다.

이 책이 시냇물을 찾는 목마른 사슴처럼 하나님의 말씀에 갈급한 마음을 가진 사람들에게 '영생의 복음'으로 들려지고, 또한 목회자들의 설교 작성에 조금이라도 도움이 된다면 더 이상의 기쁨은 없을 것이다. 코로나19가 아니더라도 우리는 모두 힘들고 어려운 시기를 지나고 있다. 개인적으로 인생에서 매우 힘들고 어려운 시기를 보내던 필자에게 하나님께서는 '영생의 복음'을 통해 큰 힘과 위로를 주셨다. 보혜사 성령님의 감동 감화하심으로, 이 부족한 글들이 힘들고 어려운 시기를 보내는 모든 이의 마음에 생명을 살리고 풍성케 하며 하나님 나라의 소망을 새롭게 하는 하나님의 '영생의 복음'으로 들려지기를 간절히 소원한다.

끝으로, 어려운 시기에 이 책의 출판을 허락해 주신 한국장로교출판사 채형욱 사장님과 정현선 편집국장님께 깊은 감사의 말씀을 드린다.

2021년 8월

윤철호

목차

1. 서론:요한복음 연구 현황

19세기 말부터 20세기 초에 이르기까지 요한복음에 대한 회의적 분위기가 팽배했다. 요한복음의 기록 연대에 대한 추정은 2세기 후반까지 늦추어졌다. 요한복음은 헬라 사회의 산물로서 역사적 가치는 없으며, 나사렛 예수와도 무관한 것으로 여겨졌다. 또한 세베대의 아들 요한과도 전혀 관계가 없다고 여겨졌다. 그러나 제2차 세계대전 이후 존 로빈슨 주교의 '새로운 관점'이 등장하면서, 요한복음의 기록 연대는 다시 1세기 말 또는 그 이전으로 당겨졌으며, 이 책의 역사적 전승은 공관복음의 그것과 유사하다는 주장이 제기되었다. 그리고 세베대의 아들 요한이 요한복음과 관련 있다는 주장도 비평적 작업에 의해 다시 제기되었다. 이 글은 대체로 이러한 새로운 관점을 보여 주는 레이몬드 브라운의 『앵커바이블 요한복음』[1] 중 서론의 주요 내용을 요약한 것이다. 이에 더해 필자는 필요한 부

---

1. Raymond E. Brown, *The Gospel According to John*(London : Yale University, 1966); 레이몬드 E. 브라운, 최홍진 역, 『앵커바이블 요한복음』 I, II (서울 : CLC, 2013).

분(특히 요한복음 신학의 핵심 주제 중 개인주의)에 리처드 보컴의 『요한복음 새롭게 보기』[2]의 내용을 소개하고, 결론에서 필자의 생각을 밝힐 것이다.

2. 요한복음의 통일성 및 구성

1) 문제점 : 요한복음은 한 사람의 작품인가?

① 요한복음에는 헬라어 문체의 차이가 나타난다. 1장의 서문은 다른 곳에서는 발견되지 않는 정교한 시적 패턴으로 구성되었으며, 로고스(말씀), 카리스(은혜), 플레로마(충만)와 같은 신학적 용어를 사용한다. 그리고 마지막 장인 21장의 문체가 다른 곳의 문체와 다르다.

② 흐름의 단절 및 불연속성이 발견된다. 지리적 · 연대기적 비약이 나타나며, 상황 전환에 대한 암시도 없이 앞 장과 전혀 다른 장소나 배경에서 시작하기도 한다. 그 예는 다음과 같다.

a. 14 : 31을 보면, 예수님은 마지막 만찬에서 말씀을 마치신 후 떠날 것을 명하시지만 그 후 세 장에 걸친 강화가 이어지며 18 : 1이 되어서야 그곳을 떠난다.

b. 20 : 30~31에서 복음서 기자는 예수님의 말씀을 요약하며 자신이 그

---

2. 리처드 보컴, 『요한복음 새롭게 보기』(서울 : 새물결플러스, 2016).

것을 기록한 목적을 설명한다. 그러나 그 후 또 다른 결론을 가진 21장 이 이어진다.

c. 예수님은 가나에서의 첫 번째 표적(2 : 11) 이후 예루살렘에서 표적을 행하셨으나(2 : 23), 마치 그동안 아무런 표적도 행하시지 않은 것처럼 가나에서의 다음 표적이 두 번째 표적으로 제시된다(4 : 54).

d. 마지막 만찬에서 베드로는 예수님에게 어디로 가시느냐고 묻지만 (13 : 36), 예수님은 동일한 상황에서(16 : 5) 자신에게 "어디로 가느냐 묻는 자"가 없다고 말씀하신다.

이런 흐름의 단절 및 불연속성은 수정이나 삽입 또는 재편집 작업이 있었음을 시사한다.

③ 강화에는 반복적으로 언급되거나 문맥에 속하지 않는 본문들이 발견된다. 그 예는 다음과 같다.

a. 실현된 종말을 강조하는 5 : 19~25의 내용이 최종적 종말을 강조하는 5 : 26~30에 문자적으로 반복된다.

b. 예수님이 자신이 생명의 떡이심을 드러내신 6 : 35~50의 말씀과 행위는 자신의 몸을 생명의 떡으로 제시하신 6 : 51~58의 말씀과 행위와 거의 동일하다.

c. 14 : 1~31의 마지막 강화에 언급된 말씀은 대부분 16 : 4~33에서 거듭 반복된다.

2) 요한복음의 형성 과정

브라운은 요한복음의 형성이 다음 다섯 단계로 이루어졌다고 본다.

첫째, 예수님의 말씀과 사역에 관한 전승 자료가 존재했던 단계다. 이는 공관복음의 자료와 유사하지만, 자료의 출처는 공관복음 전승과 무관하다.

둘째, 전승 자료가 요한복음 패턴으로 발전해 나가는 단계다. 전승 자료는 수십 년에 걸친 확인과 선별 절차를 통해 개별적 이야기와 강화의 형식 및 문체로 주조되어 요한복음의 한 부분을 형성하게 되었다. 이 단계의 마지막 무렵에 설교와 가르침을 통해 전달된 내용이 글로 기록되었다. 설교자이며 신학자였던 한 탁월한 인물이 요한복음 자료의 본체 부분을 만들었다.

셋째, 2단계의 자료가 일관된 흐름을 가진 하나의 연속적인 복음서로 조직화되는 단계다. 이것은 요한복음이 예수님의 세례, 사역, 수난, 죽음 및 부활로 이어지는 전통적인 패턴을 따라 하나의 구별된 작품으로 엮이는 첫 번째 편집이다. 요한복음 자료의 본체 부분을 만들었던 그 사람이 (헬라어로) 이 첫 번째 편집을 수행했을 것이다. 우리는 이 사람을 '복음서 저자'(evangelist)로 부른다.

넷째, 복음서 저자에 의한 두 번째 편집 단계다. 요한복음은 본래 세례 요한의 제자, 회당을 떠나지 않고 남은 유대 기독교인 등이 제기하는 문제에 대답하기 위해 기록되었다. 그런데 후에 생겨난 새로운 문제에 대처하기 위해 새로운 자료가 추가되었다. 예를 들면, 9:

22~23은 소경에 관한 기사를 새로운 시대 상황, 즉 예수님을 메시아로 믿는 유대인을 회당에서 출교했던 주후 80년대 후반 및 90년대 초의 상황에 적용하기 위해 삽입된 구절이다.

다섯째, 복음서 저자가 아닌 누군가(아마 복음서 저자의 제자)에 의해 최종적 편집이 이루어진 단계다. 이 사람을 우리는 '편집자'라고 부른다. 편집자는 복음서 저자의 자료 가운데 복음서 편집에 들어가지 않은 자료 및 복음서 저자 동료들의 자료를 마지막 단계에 복음서에 삽입했다. 편집자는 전해 받은 복음서를 마음대로 다시 작성할 수 없었기 때문에, 이전 편집본의 강화 옆에 그것과 중복되는 강화를 나란히 삽입했다. 예를 들면, 6 : 35~50 옆에 6 : 51~58이 나란히 삽입된 것이다. 또한 16 : 4~33은 14장의 강화를 약간 변형시킨 형태의 중복에 해당한다.

공관복음의 전승과 평행을 이루는 요한복음의 핵심 자료는 공관복음이나 그것의 원자료로부터 온 것이 아니라 공관복음 배후에 있는 전승과 유사한, 예수님의 말씀과 행적에 관한 별도의 전승으로부터 왔다는 것이 브라운의 주장이다.

3. 요한복음 배후의 전승

1) 요한복음에서만 발견되는 정보의 가치

요한복음은 주후 70년 예루살렘 멸망 이전의 팔레스타인에 대한 다음과 같은 지식을 소상하게 보여 준다.

a. 사마리인과 그들의 신학, 그리심 산에서의 예배 관행 및 야곱의 우물의 위치(4장)

b. 베데스다 연못의 장소 및 건축 양식(5장)

c. 유월절(6장) 및 초막절(7-8장)과 관련하여 제기되는 신학적 주제들

d. 예루살렘에 관한 내용, 실로암 못(9 : 7), 솔로몬 행각(10 : 22-23) 등

요한복음에는 공관복음에 나타나지 않는 빛과 어둠, 진리와 거짓에 대한 이원론적 개념이 나타난다. 요한복음의 예수님은 2세기의 헬라 세계에 사시는 것 같다. 그러나 브라운은 예수님에 대한 요한복음의 언어는 1세기 초 팔레스타인의 일상적 언어였다고 주장한다. 사해사본(1947)은 에세네 공동체(주전 140-주후 68)의 문서를 제공한다. 이 문서는 요한복음에 나타난 예수님의 이원론 및 독특한 어휘와 매우 유사한 사상과 어휘를 제공한다. 브라운은 요한복음에서 예수님이 사용하신 추상적인 언어가 요한복음이 역사적 전승을 사용했다는 사실을 반박하는 결정적 증거가 될 수는 없다고 주장한다. 그러나 여전히 왜 예수님이 공관복음과 다르게 말씀하시느냐 하는 문제가 남아 있다.

요한복음은 몇 군데에서 공관복음보다 정확한 역사적 기록을 보여 준다. 예를 들면, 예수님이 유월절에 돌아가신 것으로 묘사하는 공관복음과 달리 요한복음은 유월절 전날인 금요일에 돌아가셨다고 묘사한다. 예수님이 공생애 마지막에 한 번 예루살렘에 올라가셨

다는 공관복음과 달리 요한복음에서는 예수님이 세 차례 예루살렘에 올라가셨다. 누가는 예수님이 예루살렘을 여러 차례 모으려 하셨다(눅 13:34)고 말한다. 이러한 언급은 요한복음의 역사적 정확성을 뒷받침하는 것으로 보인다.

2) 공관복음에 대한 의존 문제

브라운에 의하면 요한복음의 주된 자료는 공관복음이나 그 원자료로부터 나오지 않았다. 그러나 요한복음이 형성된 긴 역사 동안 공관복음 전승과 다소 영향을 주고받았을 가능성은 있다. 요한복음 공동체가 다른 기독교 공동체와 단절되어 있지 않았다면, 이 공동체는 조만간 다른 공동체가 받아들인 복음서 전승을 알게 되었을 것이다.

브라운은 요한복음과 공관복음 둘 다에 나타나는 자료가 대부분 요한복음이 공관복음이나 그 원자료에 의존했음을 보여 주지는 않는다고 주장한다. 요한복음은 공관복음 자료와 유사한, 예수님에 관해 독립된 전승의 자료에 의존했다. 원시 요한복음 전승은 마가복음 이전의 자료와 가장 가깝지만, 마태복음 및 누가복음의 자료에서 발견되는 요소들도 포함하고 있다. 요한복음에는 이 독립적인 전승으로부터 나온 자료와 함께, 공관복음 전승으로부터 직접 가져온 것으로 보이는 내용도 있다. 요한복음의 이야기와 강화가 구전으로 형성되는 동안(2단계) 누가복음 전승과의 교차 영향이 있었을 가능성이 크다. 아마도 요한복음의 최종적 편집(5단계)에서 마가복음으로부터 직접 자료를 가져왔을 수도 있다.

3) 예수님의 사역에 대한 재구성에 있어서 요한복음의 가치

브라운에 따르면 요한복음의 기초가 되는 예수님의 사역과 말씀에 관한 원시 전승(1단계)은 공관복음 배후의 전승과 유사하다. 이 전승은 이미 예수님 시대로부터 10~20년의 발전을 거친 것으로서, 예수님의 사역과 말씀에 대한 다양한 형태의 이야기를 제공한다. 요한복음 구성의 2~3단계는 예수님에 관한 전승으로부터 나온 자료를 극적으로, 신학적으로 재구성하고, 이렇게 재구성된 이야기와 말씀(sayings)을 엮어서 복음서를 만드는 단계다. 요한복음 저자는 매우 탁월한 신학자다. 그는 심오한 신학적 종합에 의해 예수님의 말씀을 요한복음 강화로 구성했다. 예를 들면, 요한복음 6장의 배후에는 떡이 많아지는 기적뿐만 아니라, 그 장면의 의미에 대한 오해 및 떡에 대한 예수님의 설명을 포함하는 전승 자료의 핵심이 놓여 있다. 그러나 이 자료가 지금의 요한복음 6장처럼 격조 높은 구조로 형성된 것은 예수님의 행위와 말씀의 궁극적 함의를 독특한 신학으로 이해했기 때문이다. 따라서 요한복음이 예수님에 대한 역사적 기억을 반영할지라도, 그 기억에 대한 신학적 재구성은 더 큰 폭으로 이루어졌다. 이 때문에 요한복음은 공관복음 자료보다 역사적 예수의 연구에 이용되기가 더 어렵다.

요한복음의 최종 편집 단계인 5단계의 구성은 예수님의 사역을 더욱 재구성하기 어렵게 만든다. 요한복음의 이야기 안에 삽입된 추가 자료는 연대기적 순서에 따라 배열된 것은 아니었다. 자료의 추가는 성전 정화와 같은 장면들이 잘못 배치되는 결과를 야기했다. 즉, 요한복음에서는 성전 정화 장면이 첫 번째 유월절과 밀접하게 연관되는데, 이 장면은 잘못 배치된 것이다. 따라서 첫 번째 유월절에 대한 기술이 연대기적으로 정확하다고 보는 것은 문제가 있다.

그러므로 우리는 예수님의 사역을 과학적으로 재구성하기 위해 요한복음을 사용하는 일에 조심해야 한다. 물론 요한복음은 예수님의 사역과 행위에 대한 믿을 수 있는 전승(때로는 매우 원시적인)에 기초한다. 종종 다른 복음서에 없는 정확한 역사적 정보를 제공하기도 한다. 예를 들면, 예수님은 가르치는 사역을 하시기 전에 세례 요한처럼 세례를 주는 일을 하셨다. 예수님은 예루살렘에 여러 번 가셨다. 예루살렘에서 유대 당국이 내비치는 적대행위는 예수님 생애의 마지막 시기에만 국한되지 않았다. 이외에도 예수님의 수난과 죽음에 관한 많은 세부 내용이 있다. 그렇지만 예수님에 대한 요한복음의 묘사를 평가할 때 우리는 요한복음 구성의 다양한 단계에서 일어난 변형을 간과해서는 안 된다.

4. 요한복음의 종교적 사상에 영향을 준 요소

요한복음에 제시되는 예수님은 공관복음에 제시되는 예수님과 여러 면에서 다르다. 무엇보다 영원한 신성이 분명하게 전면에 나타난다. 어느 정도는 복음서 저자 자신의 관점과 통찰력이 반영되었을 것이다. 무엇이 그에게 영향을 주었는가?

1) 헬라 사상

브라운에 따르면, 신약시대에 유대교 안에는 이미 강력한 헬라적 요소들이 들어와 있었기 때문에, 요한복음이 당시의 유대교에 의존했다면 헬라적 영향은 불가피한 것이었다. 집회서와 솔로몬의 지혜서 같은 외경은 헬라적 사상으로 물들어 있다. 쿰란과 같은 유대 분파에도 강력한 헬라적 영향이 나타난다. 따라서 유대교 안의 헬라적 특징이 요한복음의 언어와 사상에 영향을 준 것은 당연하다. 문제는 요한복음이 유대교 외부로부터 헬라적 영향을 받았는가 하는 것이다. 요한복음 저자가 복음서의 메시지를 헬라적 관점에서 재해석할 만큼 헬라적 사상에 친숙했는가?

요한복음에서는 위에 있는 것과 아래에 있는 것(요 3 : 31), 영과 육(요 3 : 6, 6 : 63), 영생과 자연적 실존(요 11 : 25-26) 등의 대조가 나타난다. 이러한 대조는 플라톤주의와 유사성을 보여 준다. 그러나 브라운은 이러한 유사성이 대중적인 플라톤주의가 이미 유대교 안에 들어왔음을 고려할 때 충분히 이해될 수 있다고 주장한다. 즉, 이러한 유사성은 이미 유대적 배경의 한 부분이 된 헬라 사상으로부터 나온 것이다. 요한복음 서문의 로고스 개념은 스토아학파의 그것과 많이 다르다. 서문의 찬양은 요한 공동체 안에서 자체적 역사를 가지고 있으며, 서문의 용어적 유사성으로부터 요한복음 전체에 대한 영향력을 주장하는 것은 위험하다.

요한복음이 알렉산드리아의 필로의 영향을 받았다는 주장이 있다. 그러나 필로의 저서가 1세기 초 팔레스타인에 알려져 있었다는 명확한 증거는 없다. 윌슨(Wilson)에 의하면, 필로와 요한은 둘 다 구약성서에 의존했으며, 그들의 로고스 개념은 둘 다 지혜문학에 의존했다. 따라서 그들의 사상이 때로 평행적 발전을 보이는 것은 놀라운 일이 아니다. 그러나 필로의 저서에는 강한 철학적 색채와 정교한 알레고리가 나타나지만, 요한복음에는 그런 요소가 나타나지 않는다.

2) 팔레스타인 유대교

요한복음에는 다른 복음서들보다 직접적인 구약성서 인용이 적게 나타난다(마가복음 70회, 누가복음 109회, 마태복음 124회, 요한복음 27회). 그러나 브라운은 요한복음이 공관복음보다 구약성서의 큰 흐름을 보다 더욱 분명히 반영한다고 주장한다. 예수님은 메시아, 여호와의 종, 이스라엘의 왕, 선지자로 제시된다. 모세와 출애굽 이야기가 요한복음의 지배적인 모티브다(글래슨, Glasson). 요한복음의 '표적' 개념에서의 매우 중요한 요소들은 모세의 기적을 위한 '표적'을 사용한 것이다. 요한복음에는 모세(요 1 : 17, 5 : 46 등)와 출애굽 사건(요 6 : 31 이하의 만나, 요 7 : 38의 반석의 물, 요 3 : 14의 놋뱀, 요 1 : 14의 장막)에 대한 많은 언급이 나온다.

지혜문학도 요한복음 이해에 중요하다. 요한복음 8장에 나오는 예수님의 강화의 형식과 문체는 잠언이나 집회서 및 솔로몬의 지혜서 등에 나타나는 신적 지혜의 말씀으로부터 온다. 브라운은 구약성서에 대한 이 같은 의존은 요한복음의 사상적 배경이 팔레스타인 유대교라는 사실을 입증한다고 주장한다.

브라운은 요한복음의 이원론이 헬라나 영지주의적 사상보다 유대 묵시주의 및 종파주의적 사상에 더 가깝다(뵈허, O Böcher)고 주장한다. 쿰란 문학에서는 하나님에 의해 창조된 두 원리, 즉 빛의 사자(진리의 영 또는 거룩한 영)와 어둠의 자식(타락한 영)이 맞서 싸운다. 요한복음에서 예수님은 어둠을 물리치는 빛으로서 세상에 오셨으며(요 1 : 4-5, 9), 모든 사람은 빛과 어둠 가운데 선택해야 한다(요 3 : 19-21). 요한복음에서는 예수님이 자주 랍비로 불리는데, 이것은 당시 바리새파 신학의 전제를 반영한다. 또 요한복음과 쿰란은 공통적으로 공동체 내의 이웃 사랑을 강조한다(요 13 : 34, 15 : 12). 물론 율법에 초점을 맞추는 쿰란 신학과는 달리, 요한복음은 예수님에게 초점을 맞춘다. 그러나 요한복음의 사상과 어휘의 어떤 측면은 쿰란 문학과 매우 밀접한 유사성을 보여 준다.

브라운은 우리가 요한복음을 읽을 때 명심해야 할 두 가지 주의사항을 제시한다. 한편으로 우리는 예수님의 사상과 표현이 언제나 단순하고 같은 스타일이어야 하며, 고도의 신학적 복잡성을 띤 것은 무엇이든 요한복음 저자에게서 와야 한다는 가정에서 벗어나야 한다. 다른 한편, 우리는 요한복음 저자(예수님의 사랑을 많이 받은 한 제자〈요 21 : 20, 24, 19 : 35〉의 증언에 의존한)가 자신의 사상과 관점을 넣어 복음서를 구성한 신학적 천재라는 사실을 인정해야 한다.

5. 요한복음의 기록 목적

브라운은 요한복음의 기록 목적이 첫째, 세례 요한 추종자들을 반박하는 변증, 둘째, 유대인과의 논쟁, 셋째, 예수님을 믿는 이방인과 유대인 그리스도인에 대한 격려에 있다고 주장한다.

1) 세례 요한 추종자들을 반박하는 변증

요한복음에는 세례 요한에 대한 부정적 시각이 나타나는데, 이것은 세례 요한 추종자들의 주장을 반박하기 위한 것이라고 할 수 있다. 요한복음의 서문에는 세례 요한의 역할에 대한 과장을 막는 강한 변증이 담겨 있다. 세례 요한이 아니라 예수님이 빛이다(요 1 : 8-9). 예수님이 세례 요한보다 앞서 존재하며 더욱 위대하다(요 1 : 30). 세례 요한은 메시아가 아니며, 아무 표적도 행하지 않았다(요 1 : 20, 3 : 28, 10 : 41). 세례 요한은 자신이 쇠해야만 하는 존재라고 밝힌다(요 3 : 30). 요한복음에서 세례 요한은 예수님에 대한 증인일 뿐이다. 최종 편집자에 의해 삽입된 요한복음 4 : 2는 예수님이 세례 요한처럼 세례를 베푸는 자라는 주장을 반박한다. 복음서 구성의 마지막 단계에 이와 같은 변증적 서문이 앞에 덧붙여지면서, 원래 세례 요한에 관한 내용으로 되어 있었던 복음서 시작의 자리 배치에 변화가 일어났다.

그러나 세례 요한의 추종자들을 반박하는 변증적 구절에도 불구하고, 요한복음은 세례 요한에게 명예로운 지위를 부여한다. 세례 요한은 예수님을 이스라엘에 나타내기 위해(요 1 : 31, 3 : 29) 하나님의 보내심을 받은 자요(요 1 : 6), 예수님에 대한 주요 증인 가운데 하나다(요 5 : 31-40).

2) 유대인과의 논쟁

요한복음은 예수님이 유대인들이 거부했던 메시아라는 사실을 강조한다. 또한 유대인의 불신앙에 맞서 기독교 신앙을 정당화하고자 한다. 유대교를 향한 요한복음의 논쟁적 성향은 요한복음에서 70번이나 언급되는 '유대인들'이라는 용어에서 찾아볼 수 있다. 여기서 '유대인들'은 유대 종교 당국, 특히 예루살렘에 있으면서 예수님에게 적대적인 자들을 일컫는 용어다.

요한복음 5 : 15에서 소경 되었던 자(그도 유대인이다)는 '유대인들'에게 예수님이 자신을 낫게 했다고 말한다. 요한복음 9 : 22에서 소경의 부모는(그들도 유대인이다) '유대인들'을 무서워했다. 일부 본문에서 대제사장과 바리새인들은 '유대인들'로 대치된다(요 8:13과 8:22, 18:3과 18:12). 마가복음 15:1에서는 산헤드린 공회가 예수님을 빌라도에게 데려오나, 요한복음 18:28~31에서는 '유대인들'이 그렇게 한다.

요한복음이 처음 기록될 당시(주후 70년경)에는 바리새인들이 재난에서 유일하게 살아남은 당파였기 때문에, 여기서 '유대인들'은 바리새파 사람들을 가리킨다. 요한복음 저자에게 '유대인들'은 예수님을 대적하고 빛이신 그분에게 나아오기를 거부하는 '세상'에 속한 자들이었다. 회당 또는 유대인들과의 논쟁은 팔레스타인 안에서 일어나지 않았을 가능성이 크다. 요한복음은 디아스포라 회당에 있는 유대 그리스도인들을 향한 호소이다. 요한복음은 헬라어로 기록되었으며, 메시아, 랍비, 실로암 같은 히브리어나 아람어에 대해서는 용어 설명이 따른다. 요한복음 2:6 및 19:40은 일반적인 유대 관습에 대해 설명한다. 유대인 독자를 위해서라면 필요 없는 이러한 설명은 이방인 독자들을 위해 삽입된 것일 수 있다.

브라운은 '유대인들'에 대한 요한복음의 입장이 선교적이라기보다 변증적이고 논쟁적이라고 주장한다. 즉, 요한복음은 유대인들의 회심을 기대하며 그들을 설득하기 위해서가 아니라 유대인의 주장에 맞서 싸우기 위해 기록되었다는 것이다. 그러나 유대인들 가운데에는 예수님을 믿지만 아직 회당과의 관계를 정리하지 못한 소수의 무리가 있었다. 요한복음은 이들을 향한 희망을 가지고 기록되었다. 주후 70년 이후 위기 상황에 빠진 유대교에게 예수님을 믿는 유대인은 율법을 파괴하는 요소였다. 따라서 주후 80년대에는 유대 그리스도인들을 회당에서 축출하려는 조직적 시도가 진행되었다. 요한복음은 유대교를 버려서는 안 된다는 생각과 자신의 신앙 사이에서 갈등하는 유대 그리스도인들에 대한 호소일 수 있다. 요한복음은 회당으로부터의 출교를 세 차례(요 9 : 22, 12 : 42, 16 : 2) 언급한다. 이 중 앞의 두 번은 자신의 신앙을 고백할 용기가 없었던 사람들에 대한 언급이다. 특히 요한복음 12 : 42~43은 이러한 언급을 신랄한 비판과 함께 제시한다. "그들(예수님을 믿지만 출교를 당할까 두려워서 드러나게 말하지 못하는 사람)은 사람의 영광을 하나님의 영광보다 더 사랑하였더라"(요 12 : 43). 아리마대 요셉은 이러한 두려움을 극복하고 공개적으로 예수님의 제자임을 인정한 사례로 제시된다(요 19 : 38). 요한복음은 디아스포라 회당에 남아 있는 유대 그리스도인들에게 아리마대 요셉의 모범을 따를 것을 요구한다.

3) 예수님을 믿는 이방인과 유대인 그리스도인에 대한 격려

"너희로 예수께서 하나님의 아들 그리스도이심을 믿게 하려 함이요"(요 20 : 31)에서 '너희'는 누구인가? 이 구절에서 '하나님의 아들'은 신들에게 아들이 있다는 이방 종교적 배경에 호소한 것이다(슈낙켄부르크, Schnackenburg). 요한복음에서 예수님은 모든 사람을 위한 세상의 빛으로 오셨다(요 1 : 9). 예수님은 세상 죄를 지고 가신다(요 1 : 29). 예수님은 세상을 구원하기 위해 오셨다(요 3 : 17). 예수님은 유대 민족뿐만 아니라 흩어진 하나님의 자녀들을 모아 하나가 되게 하려고 죽으셨다(요 11 : 52). 예수님의 공생애는 헬라인들이 예수님을 뵙기를 청했을 때(요 12 : 20-21) 절정에 이른다.

그러나 브라운은 요한복음의 대부분이 유대인이든 이방인이든 구별 없이 모든 그리스도인 신자의 믿음을 더욱 견고하게 하기 위해 기록되었다고 주장한다. 그에 따르면 요한복음 20 : 31의 일차적 목적은 선교적이라고 하기 어렵다. 교회 안의 위기 상황 속에서 요한복음의 초점은 불신자의 회심보다는 신자에 대한 격려에 맞추어진다는 것이다.

6. 최종 형태의 요한복음 기록 시기

요한복음에 나타나는 실현된 종말론은 연기된 파루시아(예수님의 재림)에 대한 대답으로 보인다. 주후 70년에 예루살렘이 함락되기 전까지, 임박한 파루시아는 여전히 기독교 소망의 한 요소였을 것이다. 그러나 예루살렘 함락 이후 무한히 연기된 파루시아에 대한 대답으로 실현된 종말론의 관점에서 파루시아가 재해석되었다면, 요한복음의 기록 연대는 주후 70년 이후가 될 것이다.

요한복음 21 : 18~19는 주후 60년대 후반에 일어난 베드로의 십자가 죽음에 대한 비교적 분명한 증언이라고 할 수 있다. 예수님의 사랑하는 제자는 베드로가 죽고 상당한 시간이 흐른 후에 세상을 떠난 것으로 보인다. 이 제자의 죽음은 목격자 시대, 즉 사도 시대의 종말을 의미한다. 이 시기는 주후 90년대가 적절하다. 사도 시대가 끝나고 나사렛 예수와의 인간적 연결 고리가 끊어짐에 따라, 교회 안에 예수님의 지속적인 현존으로서의 보혜사(Paraclete) 교리가 요청된 것으로 보인다. 요한복음의 최종 형태가 기록된 시기는 좁게 주후 90~100년으로 볼 수 있다. 이레네우스의 증언에 의하면(주후 200년경) 요한이 트라야누스 시대(주후 98-117)까지 에베소에서 살았다고 한다. 이 증언을 요한복음 21 : 20~24(예수의 사랑하는 제자가 죽어 가고 있음)과 연결하면 최종 편집은 약 100년경으로 볼 수 있다. 요한복음 배후의 역사적 전승이 주후 40~60년에 형성되고, 첫 번째 편집이 주후 70~85년에 일어났다면, 요한복음 구성의 다섯 단계는 40년 이상에 걸쳐 설교와 문서 작업을 통해 진행되었을 것이다.

7. 저자 및 기록 장소

요한복음 19 : 26~27에서 우리는 예수님의 사랑하는 제자가 십자가 곁에 선 것을 볼 수 있다. 19 : 35에서의 증인은 십자가 곁에 선 사랑하는 제자일 것이다. 21 : 24에는 예수님의 사랑하는 제자에 대해 "이 일들을 증언하고 이 일들을 기록한 제자가 이 사람이라 우리는 그의 증언이 참된 줄 아노라"고 기록되어 있다. 여기서 '우리'란 표현은 이 제자가 21장을 기록한 기자와는 다른 제자임을 분명히 보여 준다. 19 : 35과 21장은 최종 편집에서 삽입되거나 덧붙여진 자료로 보인다.

예수님의 사랑하는 제자는 누구인가? 요한은 요한복음의 편집자가 아니다. 예수님의 사랑하는 제자는 21장이 기록될 당시 이미 죽은 것으로 보인다(요 21 : 22-23). 그러나 예수님의 사랑하는 제자가 세베대의 아들 요한이며, 요한복음의 역사적 전승이 요한으로부터 유래되었다는 것은 상당한 개연성이 있다. 2단계에서 4단계까지는 요한으로부터 역사적 자료를 전수받은 요한의 제자에 의해 이루어졌을 것이다. 이 제자는 극적인 천재성과 심오한 신학적 통찰력을 소유한 사람으로서, 설교와 가르침을 통해 스승의 관점을 반영하여 지금 요한복음에서 발견되는 이야기나 강화를 구성했을 것이다.

기록 장소는 에베소일 것이다. 요한복음에 나타나는 반회당적 모티브는 에베소 지역과 관련된다. 심각한 반회당 논쟁이 에베소에서 있었다(계 2 : 9, 3 : 9). 그리고 요한복음에는 세례 요한의 제자들과의 논쟁이 나타난다. 사도행전에서는 에베소에서 요한의 세례를 받은 제자들이 언급되는데(행 19 : 1-7) 이는 팔레스타인 밖에서는 유일한 경우였다.

8. 요한복음 신학의 핵심 주제들

요한복음 신학의 핵심 주제는 하나님 나라, 개인주의, 종말론, 지혜라는 관점에서 다음과 같이 요약될 수 있다.

1) 하나님 나라

요한복음에는 하나님 나라라는 문구가 3 : 3, 5 외에는 나타나지 않는다. 공관복음이 예수님 안에서 경험되는 하나님 나라(바실레이아)를 강조한다면, 요한복음은 왕(바실레우스)이시며 통치하시는 예수님을 강조한다. 요한복음은 열다섯 번이나 예수님을 왕으로 묘사한다. 공관복음의 하나님 나라 비유는 요한복음에서 예수님의 인격에 초점을 맞춘 은유적 표현으로 바뀐다. 공관복음의 하나님 나라가 밀가루 반죽 덩어리 안에서 작용하는 누룩과 같다면, 요한복음의 예수님은 생명의 떡이다. 공관복음에 목자와 잃어버린 양의 비유가 있다면, 요한복음에서는 예수님이 모범적 목자다. 공관복음이 하나님 나라를 다른 사람에게 빼앗길 포도원에 비유한다면(마 21 : 43), 요한복음에서 예수님은 포도나무다.

이와 같은 강조점의 변화는 공관복음의 하나님 나라에 나타나는 집합성(collectivity)에 대한 언급이 요한복음에서는 부족함을 보여준다. 하지만 예수님이 이스라엘의 왕이라면, 그를 믿는 자들로 구성된 이스라엘이 있다. 예수님이 목자라면 그의 양 무리가 있다. 예수님이 포도나무라면 그에게 붙은 가지가 있다. 공관복음에서 하나님 나라의 주된 강조점은 하나님의 '왕국'에 있는 것이 아니라 하나님의 '통치'에 있다. 하나님 나라는 정적인 그 무엇이 아니라 동적인 그 무엇, 장소나 제도가 아니라 하나님의 능력이 인간의 삶에 역사함을 의미한다. 브라운은 요한복음이 '하나님의 통치'보다 예수님 자신에 대한 은유에 집중하는 것이 하나님 나라에서 예수님의 역할을 공관복음보다 더욱 명확히 드러낸 것으로 이해한다.

2) 개인주의

그러나 오늘날에는 요한복음이 공동체가 아니라 개인을 강조한다는 연구 결과가 이전보다 더욱 큰 호응을 얻고 있다. 리처드 보컴은 요한복음의 주요 특징 중의 하나가 개인주의에 있다고 분석한다. 여기서 개인주의는 그리스도교 공동체를 집합적으로 이해하는 바울 문헌과 대조적으로, 요한복음이 신자 개인과 예수 그리스도의 관계를 강조한다는 뜻이다. 요한은 요한복음 3:16에서 "그를 믿는 사람들(복수) 모두가 멸망하지 않고"라고 쓰지 않고 "그를 믿는 자마다(단수) 멸망하지 않고"라고 썼다. 이것은 예수님을 믿는 것이 각 개인의 결단임을 강조하는 것이다. 요한복음에는 예수님과 일곱 명의 등장인물들(나다나엘〈요 1:47-51〉, 니고데모〈요 3:1-21〉, 사마리아 여인〈요 4:7-26〉, 마르다〈요 11:20-27〉, 빌라도〈요 18:33-19:12〉, 막달라 마리아〈요 20:14-17〉, 베드로〈요 21:15-22〉)과의 대화가 나타나는데, 나다나엘과의 대화를 제외하고는 모두 대화 당사자 외에 다른 사람이 없는 사적 장소에서 일어난다.

또한 요한복음에서는 회심한 개인이 예수님의 제자 공동체라는 집단에 가입한 흔적이 없다. 개인이 예수님과의 관계를 유지하려면 예수님의 계명을 지키면 된다(요 15 : 10). 그리고 서로 사랑하라는 계명은 예수님과 개인 사이의 개별적 관계에 토대를 둔다. 그리스도인의 생명은 예수님과의 친밀한 상호 내주 관계를 통해서 지속된다. "내 살을 먹고 내 피를 마시는 자는 내 안에 거하고 나도 그의 안에 거하나니"(요 6 : 56). 이처럼 개인과 예수님의 상호 내재적이고 친밀한 인격적 관계에 초점을 맞추는 요한복음의 특성은 '신비주의'라는 말로 조심스럽게 표현될 수 있다.

3) 종말론

요한복음은 여러 면에서 구원에 대한 수직적 접근을 보여 준다. 인간을 구원하기 위해 인자가 하늘에서 내려왔으며(요 3 : 13), 말씀이 육신이 되었다(요 1 : 14). 그분의 생애의 정점은 모든 사람을 자기에게 이끌기 위해 죽음과 부활을 통해 하늘로 들려 올라간 때다(요 12 : 32). 요한복음에서는 두 세계가 끊임없이 대조된다. 위의 세계와 아래의 세계(요 3 : 3, 31, 8 : 23), 영에 속한 영역과 육에 속한 영역(요 3 : 6, 6 : 63)이다. 예수님은 이 세상 사람들에게 다른 세상의 생명, 즉 영생을 주신다. 그리고 죽음은 이 생명에 아무런 힘을 갖지 못한다(요 11 : 25). 그분의 선물은 '참된' 선물, 즉 하늘의 선물이며, 일상적인 물과 대조되는 참된 생명의 물이며(요 4 : 10-14), 썩는 떡과 대조되는 참된 생명의 떡이다(요 6 : 27). 이러한 구원에 대한 무시간적이고 수직적인 접근 때문에 불트만은 요한복음이 영지주의의 영향을 받았다고 주장했다.

그러나 브라운은 요한복음에서 구원에 대한 수평적 접근도 발견된다고 본다. 예수님이 오신 것이 성령이 육신을 지배하는 시대를 나타내며, 따라서 모든 사람이 성령 안에서 하나님을 예배하는 때를 나타낸다면(요 4 : 21-23), 유대 역사는 바로 이 정점의 때를 위해 준비되어 왔다. 요한복음에서는 '시간'에 대한 언급이 많이 나오는데(요 2 : 4, 8 : 20, 12 : 23 등), 예수님의 수난, 죽음, 부활 및 승천의 시간은 하나님께서 인간을 다루시는 오랜 역사의 정점을 이루는 때이다. 따라서 요한복음의 구원관은 수직적이면서 수평적이다. 수직적 측면은 예수님을 통한 신적 개입의 독특성을 나타내며, 수평적 측면은 이 개입과 구원사의 관계를 수립한다.

요한복음의 종말론은 실현된 종말론인가, 미래적 종말론인가? 무엇보다 요한복음은 실현된 종말론의 특성을 잘 보여 준다. 하나님의 최후 개입의 표시인 심판이 어디 있느냐는 질문에 대해 요한복음 3 : 19는 이렇게 대답한다. "그 정죄(심판)는 이것이니 곧 빛이 세상에 왔으되……." 예수님의 오심은 참으로 위기(krisis, 심판)다. 믿기를 거절하는 자들은 이미 심판을 받았으며(요 3 : 18), 믿는 자들은 심판에 이르지 않는다(요 5 : 24). 보상도 실현되었다. 공관복음에서 '영생'은 최후 심판 또는 미래에 받는 것이지만(막 10 : 30; 마 18 : 8-9) 요한복음에서는 현재적 가능성이다. "내 말을 듣고 또 나 보내신 이를 믿는 자는 영생을 얻었고 심판에 이르지 아니하나니 사망에서 생명으로 옮겼느니라"(요 5 : 24).

다른 한편 요한복음에는 미래적 종말론에 관한 언급도 나타난다. 영생이 이 땅에서 주어졌지만 육체적 죽음은 계속될 것이고(요 11 : 25), 완전한 영생은 육체적 죽음 이후에 주어진다. 예수님은 죽음과 부활을 통해 자기를 믿는 자들을 아버지 집으로 데려가기 위해 처소를 마련하겠다고 말씀하신다(요 14 : 2-3). 요한복음에는 또한 재림, 마지막 날의 부활 및 최후 심판에 관한 묵시적 언급들도 나타난다(요 5 : 28-29, 6 : 39-40, 44, 54, 12 : 48).

예수님의 메시지 안에는 실현된 종말론과 미래적(묵시적) 종말론 사이의 긴장이 존재한다. 예수님은 자신의 사역 안에서 하나님의 통치가 사람들에게 나타난다고 믿었다. 그러나 묵시적 전승의 상속자로서 예수님은 또한 장차 임할 신적 권능의 최종적 현현에 관해서도 말씀했다. 복음서 구절들의 모호성은 이 최종적 현현이 언제 어떻게 일어날지를 예수님이 분명히 가르치지 않았음을 지시한다. 종말론에 관한 혼동은 초기 기독교 사상의 한 특징이다.

주후 70년 이전까지는 예수님의 재림과 묵시적 심판에 대한 기대가 높았다. 주후 60년대에 기록된 베드로전서 4 : 7은 "만물의 마지막이 가까이 왔으니"라고 선포한다. 주후 70년의 예루살렘 멸망은 신약성서 종말론의 분기점이 되었다. 주후 70년 이후 임박한 재림에 대한 기대가 쇠퇴한 뒤에, 그리스도인들은 더욱 적극적으로 이미 예수 그리스도 안에서 종말이 도래했다고 주장했다. 이제 예수님에 대한 믿음과 불신 자체가 심판이기 때문에 최후의 심판을 크게 염려할 필요가 없다. 하나님의 자녀 됨과 영생이 예수님에 대한 믿음과 세례와 성찬을 통해 이미 그리스도인에게 주어졌기 때문에, 파루시아가 가져올 복을 지나치게 기대할 필요가 없다. 죽은 후에는 이미 얻은 영생이 지속될 것이기 때문에, 예수님 안에서 죽은 자는 마지막 날과 죽은 자의 부활을 애타게 기다릴 필요가 없다. 요한복음은 예루살렘 함락 이후 임박한 재림에 대한 기대가 쇠퇴한 당시에 기록되었기 때문에 실현된 종말론을 강조했다는 불트만의 주장은 옳다. 요한복음은 예수님의 오심을 영원한 시대(aeon)의 변화를 가져오는 종말론적 사건으로 간주한다.

한편 묵시적 최후 종말론을 다루는 요한복음의 구절들은 예수님의 가르침에서 이 주제가 발견되었다는 사실에 의한 것이다. 이 구절들은 요한복음의 사상이 발전하던 어느 시기에, 특히 최종적 종말론이 중요한 모티브이던 시기에 요한복음 안에 들어왔을 것이다. 이 구절들은 종종 동일한 예수님의 말씀을 실현된 종말론의 관점에서 해석하는 다른 구절들과 짝을 이루는 이중어로 쓰인다. 예를 들면, 요한복음 5：26~30(묵시적 종말론)과 5：19~25(실현된 종말론)이 그렇다. 이런 경우에 불트만이 말한 바와 같이, 최종적 종말론을 가진 구절은 최종 편집자에 의해 첨가됐을 가능성이 있다. 만일 요한복음의 최종 편집이 주후 90년대에 있었다면, 편집자는 최후 종말론에 대한 강조가 요한복음의 독자들에게 큰 격려가 되던 박해의 시기에 살고 있었을 것이다.

4) 지혜

브라운은 요한복음 저자가 예수님을 구약성서 지혜문학의 인격화된 신적 지혜와 동일시한다고 본다. 전도서와 솔로몬의 지혜서 같은 책들은 헬라의 철학적 사상과 어휘가 성서로 들어가는 진입로였다. 인격화된 신적 지혜(호크마)는 욥기 28장, 잠언 1~9장, 바룩서 3 : 9~4 : 4, 집회서 1, 4 : 11~19, 6 : 18~31, 14 : 20~15 : 10, 24, 지혜서 6~10 등 구약성서 전체에 광범위하게 퍼져 있다. 이들 책에서 지혜는 땅이 창조되기 전 태초부터 하나님과 함께 존재했다. 요한복음의 예수님도 태초부터 계신 말씀이며(요 1 : 1), 세상이 창조되기 전에 아버지와 함께 계셨다(요 17 : 5). 지혜는 전능자의 영광이 순수하게 발현된 존재이며, 예수님도 아버지의 영광을 사람에게 나타낸다. 지혜는 하나님의 영원한 빛이 반영된 존재이다. 요한복음에서 하나님은 빛이시고(요일 1 : 5), 하나님으로부터 오신 예수님은 세상과 사람들의 빛이다(요 1 : 4-5, 8 : 12, 9 : 5).

지혜가 하늘에서 내려와 사람들과 함께하는 것처럼, 예수님도 하늘에서 땅으로 내려온 인자다(요 1 : 14, 3 : 31, 6 : 38, 16 : 28). 지혜가 다시 하늘로 돌아가듯이 예수님도 아버지께로 돌아간다. 지상에서 지혜는 하늘의 것을 가르치고, 진리를 말하며, 사람들을 생명과 영생으로 인도한다. 이것은 바로 요한복음에서 제시하는 계시자로서의 예수님의 역할이다. 지혜는 1인칭 형식의 긴 강화를 제시한다. 이처럼 예수님도 "나는 ……이다."로 시작하는 강화로 사람들을 교훈한다.

요한복음은 지혜문학에 역사적 관점을 도입한다. 즉, 예수님은 특정한 장소와 시간에 단 한 번 성육신하신 지혜다. 그러나 이러한 역사적 관점도 전혀 새로운 것은 아니다. 집회서 24 : 23 및 바룩서 4 : 1은 지혜를 시내 산에서 주어진 율법과 동일시하며, 지혜서 10장은 지혜의 활동을 아담으로부터 모세에 이르는 족장의 삶에서 발견한다. 요한복음 저자는 이러한 사상을 더욱 진전시켜 역사 속에서 활동하는 신적 지혜의 최상의 범례, 즉 신적 지혜 자체를 예수님 안에서 발견한다. 신약성서에서는 요한복음 외에 공관복음에도 지혜 전승이 나타난다. 그러나 공관복음에서 예수님의 가르침은 지혜문학에 나오는 현자들의 윤리적 · 도덕적 가르침과 상당한 연속성을 보여 주는 반면, 요한복음에서는 예수님 자신이 인격화된 지혜로 제시된다. 다만 요한복음과 유사하게 마태복음 11 : 25~27과 누가복음 10 : 21~22에서 예수님은 사람들에게 아버지를 알게 해 주는 아들이자 계시자로 제시된다. 따라서 요한복음이 신학적 작품이라 할지라도 공관복음과 조화를 전혀 이루지 못하는 것은 아니다.

9. 요한복음 개요

요한복음의 개요는 아래와 같다.

a. 1 : 1~18 / 서문(The Prologue)

요한 공동체로부터 나왔을 초기 기독교의 찬양으로서, 성육신한 말씀에 대한 요한복음 이야기의 서곡으로 채택되었다.

b. 1 : 19~12 : 50 / 표적의 책(The Book of Signs)

예수님의 공적 사역에 대한 기록으로서, 예수님은 표적과 말씀으로 자신이 아버지의 계시임을 보여 주었으나 거부당한다.

c. 13 : 1~20 : 31 / 영광의 책(The Book of Glory)

예수님은 십자가의 죽음, 부활, 승천의 '때' 안에서 아버지께 돌아가심으로 자신을 영접한 자들에게 자신의 영광을 보여 주신다. 온전히 영화롭게 된 후에, 예수님은 생명의 성령을 보내신다.

d. 21 : 1~25 / 에필로그(The Epilogue)

예수님이 부활하신 후 갈릴리에 나타나신 장면에 대한 추가적 기술

서문의 두 구절 "자기 땅에 오매 자기 백성이 영접하지 아니하였으나 영접하는 자 곧 그 이름을 믿는 자들에게는 하나님의 자녀가 되는 권세를 주셨으니"(요 1 : 11-12)는 두 단원의 내용을 요약한다. 즉, 이 본문은 예수님을 영접하지 않은 자기 백성(표적의 책)과 예수님을 영접한 하나님의 자녀(영광의 책)를 대조한다.

첫 번째 단원(요 1 : 19-12 : 50)을 표적의 책으로 부르는 이유는 이 부분이 예수님의 표적(기적)과 이 표적을 해석하는 강화에 관심을 기울이기 때문이다. 두 번째 단원(요 13 : 1-20 : 31)은 예수님이 아버지께 돌아가심을 다룬다(요 13 : 1, 14 : 2, 28, 15 : 26, 16 : 7, 28, 17 : 5, 11, 20 : 17). 돌아간다는 것은 영광 받음을 의미한다. 따라서 이 부분은 영광의 책이다.

10. 결론

최초 단계의 요한복음 전승이 예수님의 제자인 요한의 기억에 근거한 것이라면, 요한복음이 공관복음보다 정확한 역사적 기록을 담고 있는 것은 이상한 일이 아니다. 그러나 요한복음은 수십 년에 걸친 몇 단계의 편집 과정을 통해 형성되었다. 이 과정에서 이원론적 사상과 개념이 요한복음에 영향을 주었다. 브라운은 뵈허를 따라 요한복음의 이원론이 헬라나 영지주의적 사상보다 유대 묵시주의 및 종파주의적 사상에 더 가깝다고 주장한다. 그럴 수도 있지만 그렇지 않을 수도 있다. 브라운 자신도 요한복음에 헬라 사상이 영향을 주었을 것으로 본다. 그러나 그는 이 헬라 사상이 유대교 외부적인 것이 아니라, 유대교 안에 이미 들어와 있던 것이라고 말한다. 그런데 유대교 내부적인 헬라 사상과 유대교 외부적인 헬라 사상이 어떻게 다른지 설명하는 것은 어려워 보인다. 그 둘은 어떻게 다른가?

브라운은 요한복음이 일차적으로 디아스포라 회당에 있는 유대 그리스도인들을 대상으로 기록되었다고 본다. 그러나 유대인에게는 필요 없을 히브리어나 아람어 및 유대 관습에 대한 설명이 나타나는 것을 보면, 요한복음의 대상이 이방인들일 수도 있다. 브라운도 요한복음이 예수님을 믿는 유대인 그리스도인과 아울러 이방인 그리스도인을 격려하기 위한 것임을 인정한다. 이것은 요한복음 공동체와 저자가 더 이상 팔레스타인 지역이 아닌 헬레니즘 세계(아마도 에베소) 안에 있음을 지시한다. 헬레니즘 세계 안에서 몇 단계의 편집이 진행되는 동안, 요한복음 저자는 유대교 전통 안에 들어와 있는 헬라의 이원론적 사상만이 아니라 (안과 밖의 경계가 모호하지만) 유대교 전통 밖의 그것을 대면할 수밖에 없었을 것이다. 따라서 단지 쿰란의 이원론뿐만 아니라 헬라의 이원론적 사상과 개념이 요한복음 저자에 영향을 미쳤다면 그것은 이상한 일이 아니다. 브라운이 말한 대로 요한복음 저자가 탁월한 신학자라면 복음서의 메시지를 헬라적 관점에서 재해석하는 것이 불가능하지 않았을 것이다. 만일 요한복음이 쿰란의 이원론이나 유대교 안에 이미 들어와 있는 헬라 사상 및 대중적 플라톤주의의 영향을 받았을 뿐이라면, 왜 공관복음에는 그러한 사상이 나타나지 않는지를 이해 가능하게 설명하기 어렵다.

브라운은 공관복음과 요한복음의 차이점과 유사점을 이야기한 후에 결론적으로 그 두 복음이 조화될 수 있음을 강조한다. 그러나 그 둘이 전혀 조화를 이루지 못하는 것은 아니지만, 요한복음이 공관복음과 구별된 제4복음서로 불리도록 만드는 대조점이 매우 두드러진다는 점은 강조될 필요가 있다. 공관복음의 초점이 예수님이 선포한 하나님 나라에 있다면, 요한복음의 초점은 성육신하신 하나님의 아들 예수님 자체에 있다. 공관복음에서의 복음이 하나님 나라, 즉 하나님의 통치가 가까웠다는 소식이라면, 요한복음에서의 복음은 하나님의 아들 예수 그리스도를 믿음으로 영생을 얻는다는 것이다. 공관복음의 기적들이 예수님을 통해 다가오는 하나님 나라를 가리킨다면, 요한복음의 기적들은 예수님이 줄 영생을 가리킨다. 공관복음에서의 구원이 보다 공동체적, 역사적이라면, 요한복음에서의 구원은 보다 개인적, 초역사적(내세적)이다. 이와 같은 분명한 대조점은 간과될 수 없다.

전통적으로 헬라의 로고스 사상의 관점에서 이해되어 오던 요한복음의 기독론을 유대의 지혜 전승의 관점에서 설명한 것은 브라운의 공헌 가운데 하나다. 그에게 있어서 요한복음의 예수님은 역사적으로 인격화된 지혜다. 만일 브라운의 말대로 요한복음이 예수님을 지혜 전승의 맥락에서 인격화된 지혜로 제시하고 있다면, 요한복음 공동체는 아직도 유대교의 군주론적 유일신론(monarchical monotheism)의 범주 안에 머물러 있었다고 할 수 있다. 왜냐하면 구약성서에서 지혜는 인격화된 신적 현존을 의미하지만, 여호와 하나님과 구별되고 독립된 신적 실재가 아니기 때문이다. 지혜는 여전히 이스라엘의 유일신 사상의 범주 안에서 초월적인 여호와 하나님의 역사 내적 현존으로 이해되었다.

그러나 분명한 사실은 요한복음 저자가 헬라의 로고스(말씀) 개념을 사용하여, 하나님의 아들이신 예수님의 신적 기원을 표현했다는 점이다. 헬라의 로고스 개념과 유대의 지혜 개념의 차이를 명확히 규명해 내는 것은 어려울 것이다. 그러나 만일 요한복음 저자가 유대의 지혜 개념보다 더욱 분명하게 하나의 독립적인 인격적(위격적) 실재(hypostasis)로 이해되는 헬라의 로고스 개념에 대한 이해를 가지고 있었다면, 그는 유대교의 군주론적 유일신론의 범주를 벗어나 삼위일체적인 사고로 나아갈 단초를 자신의 로고스 개념 안에 암묵적으로 갖고 있었다고 할 수 있다. 신약성서 이후의 시기에 고대 교회에서 에큐메니컬 공의회들을 통해 형성된 삼위일체론은 요한복음의 로고스 개념을 헬레니즘적 관점에서 하나님(아버지)과 구별되고 독립된 인격적(위격적) 실재로 이해한 최종적 결과이다.

제1부
표적의 책

하나님께로부터 보내심을 받은 사람이 있으니 그의 이름은 요한이라 그가 증언하러 왔으니 곧 빛에 대하여 증언하고 모든 사람이 자기로 말미암아 믿게 하려 함이라 그는 이 빛이 아니요 이 빛에 대하여 증언하러 온 자라…… 유대인들이 예루살렘에서 제사장들과 레위인들을 요한에게 보내어 네가 누구냐 물을 때에 요한의 증언이 이러하니라 요한이 드러내어 말하고 숨기지 아니하니 드러내어 하는 말이 나는 그리스도가 아니라 한대 또 묻되 그러면 누구냐 네가 엘리야냐 이르되 나는 아니라 또 묻되 네가 그 선지자냐 대답하되 아니라 또 말하되 누구냐 우리를 보낸 이들에게 대답하게 하라 너는 네게 대하여 무엇이라 하느냐 이르되 나는 선지자 이사야의 말과 같이 주의 길을 곧게 하라고 광야에서 외치는 자의 소리로라 하니라(요 1 : 6-8, 19-23)

요한복음에서 예수님과 세례 요한은 '빛'과 그 '빛'에 대한 '증인'의 관계다. 세례 요한은 빛 되신 예수님을 증언하는 증인인 것이다. 증인은 자신이 아니라 증언하는 대상을 드러내는 데 존재 목적이 있다. 마찬가지로 빛에 대한 증인의 존재 목적은 빛을 드러내는 것이다. 만일 증인이 증언하는 대상을 드러내지 못하고 자신을 드러낸다면, 그는 존재 목적을 상실한 것과 다름없다. 불교에는 "손가락을 보지 말고 손가락이 가리키는 달을 보라."는 가르침이 있다. 증인은 손가락과 같다. 손가락이 달을 가리키듯, 증인은 자신이 증언하는 대상을 가리켜야 한다.

본문인 요한복음 1 : 23에서 세례 요한은 이렇게 말한다. "나는 선지자 이사야의 말과 같이 주의 길을 곧게 하라고 광야에서 외치는 자의 소리로라." 자신을 '광야에서 외치는 자의 소리'로 규정한 것이다.

소리의 특징은 두 가지다. 하나는 형체가 없다는 것이다. 소리는 형체 있는 사물이 아니라, 형체 없는 사건이다. 언어학자 소쉬르

(Ferdinand de Saussure)의 분류에 따르면 소리는 '랑그'(langue, 언어)가 아니라 '파롤'(parole, 말)이다. 즉, 소리는 사회적 체계로서의 언어가 아니라 개인적 발화사건으로서의 말인 것이다. 랑그로서의 언어는 문자가 그러하듯 눈에 보이는 형체가 있지만, 발화사건으로서의 언어인 파롤은 소리가 그러하듯 형체가 없다.

소리의 두 번째 특징은 머무름이 없다는 것이다. 소리는 파장으로서 공기를 진동시켜 울린 후에 곧 사라진다. 랑그로서의 언어는 문자로서 지속성을 가지지만, 파롤로서의 언어, 즉 소리는 발화사건으로서 잠시 공기를 진동시킨 후에 곧 사라지는 것이다.

여기서 우리는 세례 요한의 말에 신중히 접근해야 한다. 그가 증언이 아니라 증인이 소리라고 말했다는 점을 기억할 필요가 있다. 그는 발화사건이 소리라고 말하는 것이 아니라, 발화자인 자기 자신이 소리라고 말한다. 이것은 참으로 놀라운 고백이 아닐 수 없다. 본래 증인이란 형체 있는 사람을, 증언이란 그 사람(증인)이 입으로 발하는 형체 없는 소리를 가리킨다. 우리는 사람이 발한 소리는 곧 없어지지만, 소리를 발한 사람은 없어지지 않고 적어도 어느 기간 동안 존속한다고 생각한다. 그러나 세례 요한이 말하는 것은 이와 반대다. 세례 요한은 "회개하라 천국이 가까이 왔느니라"(마 3:2)라는 자신의 선포가 아니라, 바로 자기 자신을 소리라고 말한다. 앞서 말한 대로 소리의 두 가지 특징은 형체가 없다는 것과 곧 사라진다는 것이다. 소리임을 자처하는 세례 요한은 이 두 가지 특징을 잘 보여 준다. 즉, 증인으로서 세례 요한은 형체를 드러내지 않으며 곧 사라진다.

형체 없이 사라지는 것은 세례 요한 자신이지 그가 외친 증언이 아니다. 오히려 그의 증언은 그가 사라진 후에도 사라지지 않고 더 크게 반향되어 세세토록 울린다. 증인이 형체 없이 사라진 후에 증언이 세세토록 남는 것이다. 그가 예수님에 관해 한 증언, "보라 세상 죄를 지고 가는 하나님의 어린 양이로다"(요 1:29)라는 증언은 세세토록 남는다. 세례 요한은 형체가 없이 사라졌지만, 그가 한 증언과 그 대상인 '하나님의 어린 양', '빛 되신 예수님'은 날이 갈수록 더욱 분명한 형체로 나타난다.

세례 요한은 예수님을 증언하도록 부르심을 받은 증인의 모습이 어떠해야 할지를 우리에게 잘 보여 준다. 그것은 소리처럼 자신의 형체를 드러내지 않고 곧 사라지는 것이다. 이것은 겸비와 자기 낮춤을 의미한다. 세례 요한은 말한다. "나는 그의 신발끈을 풀기도 감당하지 못하겠노라"(요 1:27). 그는 또 이렇게 말한다. "그는 흥하여야 하겠고 나는 쇠하여야 하리라"(요 3:30). 그는 자신의 말처럼 주의 길을 곧게 하기 위해 광야에서 외치는 소리로 살다가 짧은 생을 마감했다.

예수님의 제자가 된다는 것은 곧 예수님의 증인이 된다는 의미이다. 예수님은 이 세상을 떠나시기 전에 제자들에게 온 세상 끝까지 가서 자신의 증인이 되라고 명령하셨다(행 1:8). 사도들은 이 명령을 따라 예수님의 증인으로서 사명을 다하기 위해 그들의 목숨을 바쳤다. '증언'(testimony, witness)으로 번역되는 헬라어는 '마르투리아'(marturia)로서, 이로부터 '마터'(martyr), 즉 순교자란 영어가 나왔다. 사도들은 예수님을 증언하다가 대부분 로마의 박해 시기에 소리처럼 형장의 이슬로 사라졌다.

그리스도인은 모두 예수님의 증인으로 부르심을 받은 사람들이다. 그런데 우리의 문제는 자신의 형체를 어떻게든 드러내려 하는 데 있다. 이것은 우리의 문제이자 바로 나의 문제이기도 하다. 나는 내 존재가 다른 사람들로부터 무시당하거나 잊히는 것을 두려워하고 염려하는 고통을 겪는다. 나는 할 수만 있으면 나 자신의 존재를 드러내고 높이고자 한다. 우리 누구에게나 자신을 드러내고 많은 사람에게 인정을 받으며 존재감을 과시하고자 하는 본능이 있다. 유튜브 구독자와 조회 수에 의해 자신의 존재감을 확인하는 오늘날, 우리는 대중에게 관심을 받고 많은 사람으로부터 칭송받는 것을 좋아한다.

니체(F. W. Nietzsche)가 인간의 본성을 '권력 의지'(will to power)로 파악했듯이, 인간의 내면에는 자신을 높이고 아랫사람을 지배하려 하는 의지가 잠재해 있다. 그래서 여느 사회나 집단, 심지어 교회 안에 이르기까지 사람들이 높은 자리에 올라가려고 서로 투쟁하지 않는 곳이 없다. 예수님의 제자들 사이에서도 누가 더 높은지를 놓고 다툼이 일어나지 않았던가? 우리는 또한 쉽게 사라지려 하지 않는다. 어떻게든지 오랫동안 살아남고자 한다. 생존이 최상위 가치가 된 것이다. 또한 우리는 존재감을 오랫동안 유지하려 한다. 한 번 권력의 정상에 올라가면 다시 내려오려고 하지 않는다. 그저 권력의 정상에서 언제까지나 다른 사람을 지배하고 스스로 영광을 취하고자 한다.

우리가 주님의 일을 한다고 할 때도 사정은 크게 다르지 않아 보인다. 주님의 이름으로 일한다 하지만 실상은 주님의 이름을 내세워 자신의 이름을 드러내고, 주님께 돌아갈 영광을 자신이 취하기도 한다. 목회자가 설교를 잘하고 교회를 크게 성장시키는 것은 칭찬받을 일이다. 그러나 그가 칭찬받을 만한 훌륭한 일을 했을 때 오히려 위험할 수 있다. 바로 그때 사람들의 관심이 예수님이 아니라 그분의 증인인 목회자에게 집중되고, 그가 하나님의 영광을 취할 수 있기 때문이다. 달을 가리켜야 하는 손가락이 오히려 달을 가리는 것이다. 이처럼 때로 우리가 증언하는 예수님이 아니라 예수님을 증언하는 우리 자신이 높임을 받는다. 우리가 사라지고 우리가 증언하는 예수님이 나타나는 것이 아니라, 예수님이 사라지고 예수님을 증언하는 우리 자신이 나타난다. 나를 포함한 주님의 일꾼들의 문제는 세례 요한처럼 예수님은 흥하고 자신은 쇠하려 하지 않고, 예수님의 이름을 내세워 자신이 흥하려 하는 유혹으로부터 자유롭지 못하다는 것이다.

증인의 참된 영광은 어디에 있는가? 그것은 자신이 증언하는 대상을 영화롭게 하는 데 있다. 예수님의 증인의 영광은 예수님을 영화롭게 하는 데 있는 것이다. 예수님의 증인으로 부르심을 받은 우리의 영광은 자기 형체를 드러내는 데 있는 것이 아니다. 오히려 예수님을 드러내기 위해 자기 형체를 숨기는 데 있다. 우리의 영광은 예수님을 증언하고 광야의 소리처럼 사라지는 것이다.

요한복음의 주제는 하나님의 아들 예수님의 영광을 드러내는 것이다. 요한복음 저자는 말한다. "말씀이 육신이 되어 우리 가운데 거하시매 우리가 그의 영광을 보니 아버지의 독생자의 영광이요 은혜와 진리가 충만하더라"(요 1 : 14). 요한복음은 예수님에게 모든 신적 영광을 돌려드림으로써 예수님을 영화롭게 하기 위해 쓰여진 책이며, 예수님의 영광은 아버지의 독생자의 영광이요 은혜와 진리가 충만하다고 선포한다. 그분의 영광은 사람으로부터 주어지는 것이 아니라 하나님으로부터 주어지는 것이다. 예수님은 말씀하셨다. "나는 내 영광을 구하지 아니하나 구하고 판단하시는 이가 계시니라…… 내가 내게 영광을 돌리면 내 영광이 아무 것도 아니거니와 내게 영광을 돌리시는 이는 내 아버지시니 곧 너희가 너희 하나님이라 칭하는 그이시라"(요 8 : 50-54).

여기서 우리가 기억해야 할 사실은 예수님의 증인인 우리의 영광이 예수님의 영광을 드러내는 데 있는 것처럼, '아버지의 독생자의 영광'은 예수님이 자신을 세상에 보내신 하나님께 영광을 돌려드림에 있다는 것이다. 다시 말하면, 하나님으로부터 예수님에게 주어지는 신적 영광은 예수님이 하나님께 영광을 돌려드림으로써 주어지는 것이다. 예수님은 십자가를 지시기 전날 밤 제자들과 마지막 만찬을 하던 자리에서 이렇게 말씀하셨다. "지금 인자가 영광을 받았고 하나님도 인자로 말미암아 영광을 받으셨도다 만일 하나님이 그로 말미암아 영광을 받으셨으면 하나님도 자기로 말미암아 그에게 영광을 주시리니 곧 주시리라"(요 13 : 31-32). 여기서 예수님은 자신이 하나님으로부터 영광을 받았는데, 그것은 자신이 하나님께 영광을 돌려드렸기 때문이라고 말씀하신다. 하나님은 하나님 자신에게 영광을 돌려드린 예수님에게 영광을 주신다는 것이다. 그러므로 예수님의 영광은 아들로서 아버지인 하나님을 영광스럽게 하는 것에 있다.

그러면 예수님은 어떻게 하나님을 영광스럽게 하셨는가? 십자가에 죽임을 당하기까지 하나님께 복종하심으로써이다. 공관복음서와 구별되는 요한복음의 특징은 예수님의 (부활이 아니라) 십자가 자체를 영광의 상징으로 묘사하는 것이다. 예수님은 십자가를 바라보시면서 "인자가 영광을 얻을 때가 왔도다"(요 12 : 23)라고 말씀하셨다. 공관복음(특히 마태복음과 마가복음)은 예수님이 십자가에서 "엘리 엘리 라마 사박다니"(나의 하나님, 나의 하나님, 어찌하여 나를 버리셨나이까〈마 27 : 46〉) 하고 절규하며 숨을 거두셨다고 묘사한다. 그러나 요한복음 저자는 예수님이 십자가에서 "다 이루었다."라고 말씀하며 돌아가셨다고 묘사한다. 공관복음에서의 예수님이 하나님으로부터 버림받은 비통한 인간의 모습이라면, 요한복음에서의 예수님은 영광스러운 신적 존재의 모습이다.

왜 요한복음은 십자가를 예수님의 영광의 상징으로 묘사하는가? 그것은 예수님이 십자가에 죽기까지 하나님께 복종하심으로써 하나님 아버지를 영광스럽게 하셨기 때문이다. 요한복음이 증언하는 예수님의 '독생자의 영광'은 바로 여기에 있다. 아들의 영광은 자신이 아니라 자신을 보내신 아버지를 영화롭게 하는 데 있다. 다시 말하면, 예수님의 영광은 세상 사람들로부터 칭송을 받고 높이 들림을 받은 데 있는 것이 아니라, 하나님의 뜻을 이루기 위해 십자가에 죽기까지 복종하심으로써 하나님 아버지를 영광스럽게 하셨다는 데 있다. 이것이 요한복음 저자가 말하는 '독생자의 영광'이다.

사순절, 특히 성금요일에 가장 많이 연주되고 불리는 음악이 바흐(J. S. Bach)의 "마태수난곡"이다. 이 곡은 마태복음 26~27장에 나타나는 예수님의 수난 이야기에 기초한 작품이다. 우리 찬송가에도 이 중 일부가 들어 있는데, 찬송가 145장 "오 거룩하신 주님"이 그것이다. 그런데 20세기의 위대한 신학자 칼 바르트(Karl Barth)는 "마태수난곡"을 좋아하지 않았다고 한다. 이 곡이 예수님의 십자가를 너무 슬프고 비통하게 묘사했기 때문이다. 바르트는 요한복음 저자처럼 예수님의 십자가에서 죄와 사탄의 권세를 정복하신 하나님의 승리와 영광을 보고자 했다. 십자가는 단지 슬퍼해야 할 비극적 사건이 아니라, 인간을 구속하신 하나님을 찬양하고 하나님께 영광 돌려야 할 사건이라는 것이다. 십자가에서 고난 받고 돌아가심으로써 인간을 구원하고 아버지 하나님께 영광을 돌리신 이 사실에 예수님의 '독생자의 영광'이 있다.

예수님의 증인으로 부르심을 받은 우리의 영광도 마찬가지다. 우리의 영광은 예수님께 영광을 돌리는 데 있고, 그로써 하나님께 영광을 돌리기 위해 스스로 낮아지고 고난 받는 데 있다. 군인에게 있어서 최고의 영광은 나라를 지키다 순국하는 데 있다. 나라를 위해 싸우다가 어느 산하(山河)에서 이름 없이 죽어 간 병사의 깨지고 녹슨 철모는 가장 명예로운 영광의 상징이 아닌가? 이와 마찬가지로 예수님의 증인인 우리는 예수님의 하나님 나라 복음을 위해 죽음에까지 이르는 데서 최고의 영광을 얻는다. 예수님을 위해 죽음을 당한 제자들의 영광, 기독교 역사 속 수많은 순교자들의 영광이 여기에 있었다.

물론 반드시 죽어야만 영광이 주어지는 것은 아니다. 순교자가 되지 않더라도 일상 속에서 순교자적 영성을 가지고 살 때, 우리는 하나님의 영광에 참여할 수 있다. 순교자적 영성이란 세례 요한과 같이 광야의 소리처럼 자기를 낮추고 비움으로써 형체 없이 사라지고자 하는 영성이다. 순교자라는 정체성은 죽음의 마지막 순간에 결정되는 것이 아니라, 자기를 낮추고 비우는 삶의 과정에서 형성되는 것이다. 자기를 낮추고 비우는 영성을 훈련하는 사람만이 영광스런 순교적 죽음에 이를 수 있다.

탈무드에 "하나님은 부서진 것들을 사용하신다."는 말이 있다. 낱알 그대로의 밀로는 빵을 만들 수 없다. 부서져 밀가루가 되어야 빵을 만들 수 있다. 자아가 너무 강한 사람은 하나님의 일꾼으로 쓰일 수 없다. 하나님은 밀가루처럼 자아가 부서진 사람, 겸비한 사람, 자기를 낮추는 사람을 쓰신다. 옥합이 깨져야 향유가 흐르고, 반석이 터져야 생수가 흐른다. 우리의 자아가 깨어지지 않고 완고하게 살아 있을 때, 하나님은 그것을 깨뜨리기 위해 우리를 황량한 광야로 보내 시련과 고난을 겪게 하신다. 이스라엘 백성이 오랜 광야 생활을 통해 자신을 낮추는 법을 배우도록 하신 것처럼 말이다. "네 하나님 여호와께서 이 사십 년 동안에 네게 광야 길을 걷게 하신 것을 기억하라 이는 너를 낮추시며 너를 시험하사 네 마음이 어떠한지 그 명령을 지키는지 지키지 않는지 알려 하심이라"(신 8:2).

하나님께서는 일꾼으로 쓰시고자 하는 사람을 때때로 거칠고 메마른 광야로 보내 시험과 시련을 겪으며 자기를 낮추는 훈련을 거치게 하신다. 세례 요한 역시 그런 시간을 겪었다. 특히 그의 위대한 점은 그가 자발적으로 거칠고 메마른 광야로 나아갔다는 것이다. 그는 메뚜기와 석청을 먹으며 금욕했고, 자신을 겸비하게 낮추는 훈련을 함으로써 광야의 소리로 살았다. 그리고 마침내 순교를 당하기까지 했다.

예수님의 증인으로서, 우리가 오직 예수님만 높이고 하나님께만 영광을 돌려드리기 위해서는 세례 요한처럼 끊임없이 자신을 비우고 낮추는 자기 훈련을 해야 한다. 바울은 자기의 자랑이 날마다 죽는 데 있다고 고백했다. "형제들아 내가 그리스도 예수 우리 주 안에서 가진 바 너희에 대한 나의 자랑을 두고 단언하노니 나는 날마다 죽노라"(고전 15 : 31). 내가 죽어야 예수님이 영광을 받으신다.

우리가 잘 아는 것처럼 종교개혁자 칼빈(J. Calvin)의 평생 좌우명은 "오직 하나님께 영광"(soli Deo gloria)이었다. 칼빈은 자신의 무덤을 만들지 말라는 유언을 남겼다. 세례 요한과 같이 소리처럼 사라지는 삶을 삶으로써 오직 하나님께만 모든 영광을 돌리고자 했기 때문이었다. 칼빈의 후예인 우리는 이와 같은 모습을 본받아야 한다. 예수님의 증인으로 부르심을 받은 우리 모두가 날마다 죽고 사라짐으로써, 오직 하나님께만 영광을 돌려드리는 광야의 소리가 되기를 기원한다. 그리고 무엇보다 나의 남은 생애가 그렇게 될 수 있기를 간절히 기도한다.

이튿날 예수께서 갈릴리로 나가려 하시다가 빌립을 만나 이르시되 나를 따르라 하시니 빌립은 안드레와 베드로와 한 동네 벳새다 사람이라 빌립이 나다나엘을 찾아 이르되 모세가 율법에 기록하였고 여러 선지자가 기록한 그이를 우리가 만났으니 요셉의 아들 나사렛 예수니라 나다나엘이 이르되 나사렛에서 무슨 선한 것이 날 수 있느냐 빌립이 이르되 와서 보라 하니라 예수께서 나다나엘이 자기에게 오는 것을 보시고 그를 가리켜 이르시되 보라 이는 참으로 이스라엘 사람이라 그 속에 간사한 것이 없도다 나다나엘이 이르되 어떻게 나를 아시나이까 예수께서 대답하여 이르시되 빌립이 너를 부르기 전에 네가 무화과나무 아래에 있을 때에 보았노라 나다나엘이 대답하되 랍비여 당신은 하나님의 아들이시요 당신은 이스라엘의 임금이로소이다 예수께서 대답하여 이르시되 내가 너를 무화과나무 아래에서 보았다 하므로 믿느냐 이보다 더 큰 일을 보리라 또 이르시되 진실로 진실로 너희에게 이르노니 하늘이 열리고 하나님의 사자들이 인자 위에 오르락 내리락 하는 것을 보리라 하시니라(요 1 : 43-51)

예수님은 하나님 나라 복음 사역을 시작하시면서 가장 먼저 제자를 부르셨다. 예수님은 이들과 더불어 하나님 나라 복음 사역을 효과적으로 수행하기를 원하셨다. 또한 자신이 세상을 떠난 후에 제자들을 통해 하나님 나라가 온 세상에 확장되기를 원하셨다. 그래서 "모든 민족을 제자로 삼아 아버지와 아들과 성령의 이름으로 세례를 베풀고 내가 너희에게 분부한 모든 것을 가르쳐 지키게 하라"(마 28:19-20)는 지상명령을 마지막으로 제자들에게 남기셨다.

제자들은 비록 예수님이 잡혀 돌아가실 때 그분을 버리고 뿔뿔이 흩어져 도망쳤지만, 부활의 주님을 다시 만나고 오순절 성령 강림을 체험한 후에는 예수님의 지상명령을 따라 온 세상에 복음을 전파했다. 예수님의 열두 제자 가운데 (가룟 유다를 빼고) 요한 외에는 모두 복음을 전파하다가 순교의 피를 흘렸다. 우리는 그들을 사도(apostolus, 보내심을 받은 자)라고 부른다. 세상으로 보내심을 받은 사도들이 순교의 피를 흘림으로써 온 세상에 복음이 전파되었고, 오늘날 우리에게도 전해졌다.

본문은 베드로, 안드레 형제를 가장 먼저 제자로 부르신 예수님이 두 번째로 빌립과 나다나엘을 제자로 부르시는 장면이다. 이야기의 전개 과정과 내용으로 볼 때, 이를 세 부분으로 나누어 숙고할 수 있다. 첫째 부분은 예수님이 빌립을 부르시는 장면이고(요 1 : 43-44), 둘째 부분은 나다나엘을 부르시는 장면이며(요 1 : 45-49), 셋째 부분은 예수님이 빌립과 나다나엘에게 하시는 말씀이다(요 1 : 50-51).

첫 번째 부분은 예수님이 빌립을 부르시는 장면이다. "이튿날 예수께서 갈릴리로 나가려 하시다가 빌립을 만나 이르시되 나를 따르라 하시니"(요 1 : 43). 빌립은 갈릴리 호수 북동쪽 마을인 벳새다 사람이었다. 예수님은 빌립에게 "나를 따르라."라고 하셨다. 이 단순명료한 말씀에는 세 가지 중요한 의미가 담겨 있다.

첫째, "나를 따르라."는 명령어이다. 이 말은 예수님의 부르심을 표현한다. 제자가 예수님을 찾아가서 따르는 것이 아니라, 예수님이 먼저 제자를 찾아와 "나를 따르라."라고 부르신다. 예수님의 제자는 자원하는 것이 아니라 부르심을 받는 것이다. 말하자면 자원병이 아니라 징집병이다. 이것이 '소명'(calling)의 의미이다. 소명은 아래로부터 만들어지는 것이 아니라 위로부터 주어진다. 돌아보면 나 역시 40여 년 전에 자원병이 아니라 징집병 같은 모습으로, 목회자가 되기 위해 신학교에 갔다.

둘째, "나를 따르라."는 지금까지 하던 세상일을 그만두고, 또한 가족과 재산을 버려 두고 예수님을 따르라는 말이다. 이것은 모든 세상적 삶의 자리를 떠나 오직 예수님과 동행하고 동고동락하며, 예수님의 제자 공동체의 일원이 되라는 말이다.

셋째, "나를 따르라."는 몸으로 예수님과 동행할 뿐만 아니라, 예수님의 가르침대로 예수님을 닮은 인격으로 변화하고, 예수님의 뜻을 따라 살며, 예수님의 하나님 나라 복음에 온전히 헌신하라는 말이다.

이와 같이 예수님을 따라야 진정한 예수님의 제자라고 할 수 있다. 당시에 많은 사람들이 예수님을 따랐다. 그러나 대부분의 사람들은 제자가 아니라 무리 또는 청중의 단계에 머물러 있었다. 그들 중 일부는 호기심으로, 일부는 병 고침을 받으려고, 일부는 물질적 문제의 해결에 대한 기대를 가지고, 일부는 정치적 해방과 독립을 위해서, 또 일부는 이러저러한 세상적 욕구를 위해 예수님을 따랐다. 그러나 예수님의 제자가 아닌 그들은 얼마 안 가서 하나둘씩 그분의 곁을 떠났다. 그래서 예수님은 열두 제자에게 "너희도 가려느냐?"(요 6:67) 하고 물으셨다. 세상적 기대로 예수님을 따르다 이내 떠나간 이들 가운데는 후에 "예수를 십자가에 못박으시오." 하고 외치던 군중에 속한 사람도 있었을 것이다.

오늘 주님은 우리를 제자로 부르신다. 주님은 먼저 우리에게 찾아오셔서 "나를 따르라." 하고 부르신다. 주도권이 내게 있지 않고 주님께 있다. 주님의 부르심에 순종으로 응답할 때 우리는 주님의 제자가 된다. 부르심에 대한 순종, 이것이 믿음의 본질이다. 물론 주님의 제자가 된다는 것이 반드시 예수님의 열두 제자처럼 직업도 다 버리고 복음 전하는 일만 하라는 의미는 아니다. 성직으로 부르심을 받은 사람이라면 마땅히 세속적 직업을 버려야 할 것이다. 그러나 부르심을 받았다고 해서 모두 목사가 되어야 하는 것은 아니며, 가정을 버려야 하는 것은 더욱 아니다. 사실 예수님의 제자 중 결혼한 베드로에게는 가정이 있었다(마 8 : 14).

제자가 되어 주님을 따른다는 것은 세상적 즐거움과 육신의 소욕을 따르던 옛 생활을 버리고, 예수님의 하나님 나라 복음을 받아들이며, 하나님 나라 일꾼으로서 주님의 뜻에 순종하는 것을 의미한다. 그러나 우리는 예수님 당시에 그분을 따라다니던 무리와 같지는 않은가? 목사의 설교를 들으러 교회에 오는 무리는 많아도, 예수님의 뜻대로 행하며 제자의 삶을 사는 그리스도인은 그리 많지 않다. 우리나라 기독교인의 수는 천만 명에 이르지만, 사회의 불의, 부패, 거짓, 윤리적 타락이 여전히 만연한 까닭이 이것이다. 주일이면 많은 무리가 음악회나 극장의 관객처럼 교회에 와서 한 시간 동안 예배를 본 후에 썰물처럼 빠져나간다. 이러한 무리는 다른 사람과 마주치지 않고 아무런 부담 없이 익명으로 예배를 드릴 수 있는 초대형 교회를 선호한다. 코로나19 팬데믹이라는 환난 속에는 이러한 무리가 모이는 형식적인 예배 자체를 흩어버리려 하시는 하나님의 뜻이 담긴 것은 아닌가 하는 생각이 든다.

예수님의 부르심은 모든 속박, 억압, 무거운 짐, 근심과 양심의 고통으로부터 우리를 해방한다. 예수님은 말씀하신다. "수고하고 무거운 짐 진 자들아 다 내게로 오라 내가 너희를 쉬게 하리라"(마 11 : 28). 이것은 은혜의 부르심이다. 그러나 자기를 부인하고 자기 십자가를 지고 예수님의 뒤를 따르는 제자도 없이는 값싼 은혜일 뿐이다. 예수님 안에 나타난 하나님의 은혜는 값싼 은혜일 수 없다. 그것은 하나님이 독생자 예수님을 십자가에 내어 주신 희생에 의한 것이기 때문이며, 또한 부르심을 받은 우리가 자기를 부인하고 자기 십자가를 지며 예수님의 뒤를 따르는 제자도를 나타내도록 요구하기 때문이다.

예수님은 "나더러 주여 주여 하는 자마다 다 천국에 들어갈 것이 아니요 다만 하늘에 계신 내 아버지의 뜻대로 행하는 자라야 들어가리라"(마 7 : 21)고 말씀하셨다. '주여 주여 하는 자'란 "내가 예수님을 주님으로 믿습니다."라고 고백하는 자이다. 그러나 예수님은 그들에게 말씀하신다. "주여 주여" 하고 믿음을 고백하지만, 하늘에 계신 하나님의 뜻대로 행하지 않는 자는 천국에 들어가지 못할 것이다. 하나님의 은혜를 값싼 은혜로 만드는 사람, 예수님의 뜻대로 행하는 제자도가 없는 사람은 천국에 들어갈 수 없다는 말씀이다. 여기에 "나를 따르라."는 명령의 깊은 의미가 있다. 우리는 세속적 기대나 육신의 욕망을 가지고 예수님께 나아왔다가, 기대가 어긋나면 그분을 배반하고 떠나는 무리여서는 안 된다. 예수님의 하나님 나라 복음을 받아들이고, 예수님의 뜻에 순종하는 삶으로써 그분을 뒤따르는 제자가 되어야 한다.

두 번째 부분은 나다나엘을 제자로 부르시는 장면이다. 나다나엘은 예수님의 제자 중 바돌로매와 동일인물일 것으로 추측된다. "나를 따르라."는 예수님의 부르심을 받은 빌립은 친구 나다나엘을 찾아가서 자기가 메시아를 만났다고 말했다. 나다나엘이 "나사렛에서 무슨 선한 것이 날 수 있느냐?"고 회의적인 반응을 보이자, 빌립은 여러 말 않고 "와 보라."고 강권했다. 나다나엘은 빌립을 따라 예수님께 나아왔고, 그가 자기에게 오는 것을 보신 예수님은 "보라 이는 참으로 이스라엘 사람이라 그 속에 간사한 것이 없도다"(요 1:47)라고 말씀하셨다. 예수님은 나다나엘의 속사람을 꿰뚫어 보시고, 그가 마음에 간사한 것이 없으며 순전한 것을 이셨다.

예수님은 제자를 부르실 때, 간사함 없는 순전한 마음을 가진 사람을 찾으신다. 간사한 마음이란 계산적인 마음이다. 간사한 사람은 이해득실을 따지고, 자기에게 도움이 되는 일에 적극적으로 나서지만, 손해라고 판단되면 뒤로 물러난다. 이미 약속한 것이라도 손해가 되면 손바닥 뒤집듯이 뒤집어 버린다. 그러니 예수님에게 걸었던 자신의 기대가 어긋났을 때 언제든지 예수님을 배반하고 떠날 사람인 것이다.

간사한 마음으로 예수님을 따르다가 결국 배반한 제자가 가룟 유다이다. 유다는 예수님으로부터 회계의 직무를 부여받았다. 이 직무는 예수님과 제자 공동체의 살림을 책임지는 매우 중요한 자리였다. 유다는 예수님이 예루살렘에 올라가 왕으로 즉위하시면 자기도 한 자리를 차지할 것으로 생각했다. 회계를 맡았으니, 지금의 기획재정부 장관 정도는 될 것으로 기대했을 것이다. 그러나 유월절을 맞아 예수님과 함께 예루살렘에 올라가던 무렵, 그는 그런 기대가 이루어질 수 없음을 알았다. 그는 예수님이 예루살렘에서 왕이 될 가능성이 없다고 판단했고, 이러한 상황에서 자신이 살아남을 길이 무엇인지 찾아야 했다. 그리고 그는 예수님을 종교 지도자들에게 팔아넘기는 것 외에는 길이 없다고 생각했다. 그래서 예수님과 제자들의 마지막 만찬이 진행되던 시간에 그는 소리 없이 빠져나와 그 생각을 실행에 옮긴 것이다.

순전한 마음은 계산적이지 않은 마음이며, 이해와 득실을 따지지 않는다. 순전한 사람은 자기에게 도움이 되든 손해가 되든 한 번 한 약속을 뒤집지 않고 한결같이 지키는 사람이다. 이런 사람은 예수님이 기대를 저버린다고 해서 배반하거나 떠나지 않는다. 그러나 세상에서 순전한 마음을 가진 사람을 찾기란 매우 어렵다. 우리 안에는 언제나 순전한 마음과 간사한 마음이 함께 있다. 우리는 어느 정도는 순전하고 어느 정도는 계산적이다.

예수님이 그 속에 간사한 것이 없다고 칭찬하신 나다나엘, 즉 바

돌로매조차 예수님이 붙잡혀 재판 받고 십자가를 지실 때 다른 제자들처럼 도망친 것을 기억할 필요가 있다. 다 예수님을 배반해도 자신은 결코 그러지 않겠다고 맹세하던 베드로는 어떤가? 그 역시 결코 계산적인 마음으로 맹세한 것이 아니었다. 적어도 그 순간에는 순전한 마음이었을 것이다. 그는 예수님을 진정 사랑했으며, 끝까지 예수님 곁을 지키고 싶어 했다. 그래서 그는 예수님이 재판을 받으시는 현장 주위에서 동정을 살폈다. 그러나 결국 그는 조그만 계집종 앞에서 예수님을 모른다고 세 번씩이나 부인하는 부끄러운 실패자가 되었다.

주님은 우리의 마음속 중심을 꿰뚫어 보신다. 우리는 주님 앞에 순전한 마음으로 나아와야 한다. 그러나 과연 누가 그렇게 예수님을 따를 수 있는가? 앞서 말했듯 우리 안에는 언제나 순전한 마음과 간사한 마음이 함께 있다. 우리는 본능적으로 이득과 손해를 계산하고, 이득이 되는 길을 택한다. 내 속에도 이처럼 이기적으로 계산하는 마음이 있음을 부인할 수 없다.

설혹 우리 안에 순전한 마음이 있다 해도, 우리의 연약함은 언제든 우리를 실패자로 만든다는 사실을 알아야 한다. 우리는 언제든지 베드로처럼 예수님을 부인할 수 있다는 사실을 기억하고 명심해야 한다. 우리 자신이 베드로처럼 실패할 가능성을 가진 연약한 존재라는 사실을 잊어서는 안 된다는 것이다. 베드로처럼 장담하고 맹세하는 순간이 곧 실패하기 쉬운 가장 위험한 순간이다. 그러한 순간은 자신의 연약함을 망각한 순간이기 때문이다. 나는 늘 하나님께 나의 연약함을 불쌍히 여겨 달라고 기도한다. 그리고 긍휼과 자비를 베풀어 달라고 기도한다. 바울은 "선 줄로 생각하는 자는 넘어질까 조심하라"(고전 10:12)고 경고하며, 또한 "항상 복종하여 두렵고 떨림으로 너희 구원을 이루라"(빌 2:12)고 권면했다. 우리는 바울의 경고와 권면을 기억하고, 넘어질까 조심하며, 늘 두렵고 떨리는 마음으로 우리의 구원을 이루어 나가야 한다.

세 번째 부분에서 예수님은 빌립과 나다나엘에게 이렇게 말씀한다. "진실로 진실로 너희에게 이르노니 하늘이 열리고 하나님의 사자들이 인자 위에 오르락 내리락 하는 것을 보리라"(요 1:51). 예수님의 이 말씀은 야곱의 꿈 이야기가 나오는 창세기 28장을 연상시킨다. 야곱은 형 에서를 속이고 장자 축복을 받은 뒤, 형을 피해 하란으로 가던 중 한 곳에서 유숙하게 되었다. 잠을 자던 그는 꿈을 꿨는데, 사닥다리가 땅 위에 서 있고 그 꼭대기가 하늘에 닿아 있었다. 하나님의 사자들이 그 위에서 오르락 내리락 하는 가운데, 야곱은 그를 지키며 인도하겠다고 말씀하시는 하나님의 음성을 듣는다. 잠에서 깬 야곱은 그곳이 바로 하나님께서 계시는 곳인 줄을 깨닫고 벧엘, 즉 '하나님의 집' 또는 '하늘의 문'이라고 명명했다.

예수님이 빌립과 나다나엘에게 하신 말씀은 제자들이 인자이신 예수님 안에서 하나님의 현존과 영광을 보게 될 것임을 의미한다.

인자, 즉 '사람의 아들'이신 예수님 안에서 하나님의 영광을 보는 것이 요한복음을 관통하는 일관된 주제이다. 요한복음은 나사렛 예수 안에 성육신하신 하나님의 영광을 증언한다. 신학 용어로 말하자면 '역사적 예수'(historical Jesus) 안에서 '신앙의 그리스도'(Christ of faith)를 보는 것이다. 예수님의 제자는 역사적 예수 안에서 신앙의 그리스도를 보는 사람들이다. 다시 말하면, 그들은 나사렛의 인간 예수 안에 성육신하신 하나님의 영광을 믿음의 눈으로 보는 사람들이다.

인간 예수 안에서 성육신하신 하나님의 영광을 본다는 것은 단지 그분이 행하신 초자연적인 기적 때문에 그분의 신성을 발견한다는 의미가 아니다. 본회퍼는 "예수님의 기적도 인간으로서의 그분의 은폐성(incognito)을 깨뜨리지 않는다."고 말했다. 물론 제자들은 예수님의 기적을 통해 하나님 나라의 도래를 보았다. 그러나 이것은 믿음의 눈에 의한 것이었다. 불신자들은 거기서 아무것도 보지 못했다. 오직 믿음만이 기적을 통해 하나님을 보게 한다. 본회퍼에 따르면 너무도 비천하고 보잘것없는 예수님의 모습은 거침돌과 같아서 사람들이 걸려 넘어진다. 그러나 이 비천하고 보잘것없는 모습의 예수님에 대한 믿음만이 그분을 하나님으로 볼 수 있게 한다는 것이다. 만일 예수님이 기적으로 자신을 증명하셨다면, 우리의 믿음도 눈에 보이는 신 현현(theophany)을 의존했을 것이다. 그러나 믿음이란 자신을 겸비하신 '하나님의 아들'에게 헌신하고, 그분에게 자신의 생을 내맡기는 것이며, 이러한 일들이 모든 상식에 맞지 않아 보일 때조차 그렇게 하는 것이다. 믿음은 눈에 보이는 증거에서 확실성을 찾으려는 노력을 포기할 때 생겨난다. 그러므로 예수님의 제자인 우리는 눈에 보이는 기적 같은 증거 때문이 아니라, "육체와 같은 모습"(롬 8:3)이신 인간 예수의 은폐성과 거침돌에도 불구하고, 그분 안에 성육신하신 하나님의 영광을 믿음을 통해 볼 수 있어야 한다.

겸비한 인간 예수 안에서 성육신하신 하나님의 영광을 본 요한복음 저자의 기독론은, 십자가에 달려 고통스럽게 죽어 가던 한 연약한 인간 예수님의 모습을 목격한 로마 백부장의 "진정 이 사람은 하나님의 아들이었다"(막 15:39)라는 고백을 복음서의 결론으로 증언한 마가의 기독론과 근본적으로 같다. 예수님 안에 나타난 하나님의 신적 현존과 영광은 초자연적 기적에 의한 것이 아니다. 그것은 연약하고 보잘것없는 인간의 모습으로, 하나님의 뜻을 따라, 하나님 나라 복음을 위해 고난 받고 죽임 당한 예수님의 십자가가 지닌 은폐성 안에서, 그리고 성령의 감동에 의한 믿음의 응답을 통해 계시된다. 예수님의 부르심을 받고 그분을 따르는 제자들로서, 우리는 인간 예수의 십자가의 은폐성 안에 성육신하신 하나님의 영광을 믿음의 눈으로 바라봐야 한다. 성령께서 우리 모두에게 이 눈을 열어 주시기를 기도한다.

그런데 바리새인 중에 니고데모라 하는 사람이 있으니 유대인의 지도자라 그가 밤에 예수께 와서 이르되 랍비여 우리가 당신은 하나님께로부터 오신 선생인 줄 아나이다 하나님이 함께 하시지 아니하시면 당신이 행하시는 이 표적을 아무도 할 수 없음이니이다 예수께서 대답하여 이르시되 진실로 진실로 네게 이르노니 사람이 거듭나지 아니하면 하나님의 나라를 볼 수 없느니라 니고데모가 이르되 사람이 늙으면 어떻게 날 수 있사옵나이까 두 번째 모태에 들어갔다가 날 수 있사옵나이까 예수께서 대답하시되 진실로 진실로 네게 이르노니 사람이 물과 성령으로 나지 아니하면 하나님의 나라에 들어갈 수 없느니라 육으로 난 것은 육이요 영으로 난 것은 영이니 내가 네게 거듭나야 하겠다 하는 말을 놀랍게 여기지 말라 바람이 임의로 불매 네가 그 소리는 들어도 어디서 와서 어디로 가는지 알지 못하나니 성령으로 난 사람도 다 그러하니라…… 하나님이 그 아들을 세상에 보내신 것은 세상을 심판하려 하심이 아니요 그로 말미암아 세상이 구원을 받게 하려 하심이라 그를 믿는 자는 심판을 받지 아니하는 것이요 믿지 아니하는 자는 하나님의 독생자의 이름을 믿지 아니하므로 벌써 심판을 받은 것이니라(요 3:1-18)

본문은 예루살렘에서 예수님과 니고데모가 나눈 대화로서, 요한복음에서 첫 번째로 나타나는 예수님의 강화(discourse)다. 니고데모는 요한복음에서만 언급되는 인물이다(요 7 : 50, 19 : 39). 바리새인이며 유대인의 지도자로 소개되는 그는 산헤드린 공회원인 서기관이었을 것이다. 산헤드린은 제사장(사두개인), 서기관(바리새인), 귀족 사회의 장로들 70명으로 구성된 유대의 최고 통치 기관이었고, 대제사장이 의장이었다.

본문에서 니고데모는 예수님을 경외하지만 믿음은 부족한 인물로 그려진다. 니고데모는 예수님이 놀라운 표적을 행하는 것을 알았고, 그러한 표적은 하나님이 함께하시지 않으면 일어날 수 없다고 생각했다. 그는 예수님이 하나님께로부터 온 선생(랍비)이라고 믿었다. 그래서 예수님을 만나 영생의 문제에 대한 답변을 듣고 싶어 했다. 그러나 당시 유대의 종교 지도자들이 예수님을 배척했기 때문에, 그들 중 하나이던 그는 다른 사람들의 눈을 피해서 밤에 은밀하게 예수님을 찾아온 것으로 보인다.

이 강화는 세 번에 걸친 니고데모의 질문(요 3:2, 4, 9)과 각 질문에 대한 예수님의 대답(요 3:3, 5, 11)으로 구성된다. 또한 내용상으로는 크게 두 단락으로 나눌 수 있다. 첫 번째 단락은 요한복음 3:2~8로서, 하나님 나라에 들어가기 위해서는 자연적 출생으로는 부족하며 성령을 통해 위로부터 거듭나야 한다는 것이 핵심 내용이다.

2절에서 니고데모는 예수님을 '랍비', '선생'으로 칭하면서 신학적 대화를 시작한다. "랍비여 우리가 당신은 하나님께로부터 오신 선생인 줄 아나이다 하나님이 함께 하시지 아니하시면 당신이 행하시는 이 표적을 아무도 할 수 없음이니이다." 이 말은 질문이 아니다. 그러나 예수님은 그가 하나님 나라와 영생에 관해 들으려고 찾아왔음을 아셨다. 본문 바로 앞의 요한복음 2:25은 예수님이 "친히 사람의 속에 있는 것을 아셨다."고 함으로써 3장에서 일어날 일을 준비한다. 예수님은 니고데모의 마음속 질문이 무엇인지 아셨다.

예수님은 하나님 나라에 관한 설명으로 니고데모에게 응답하신다. "진실로 진실로 네게 이르노니 사람이 거듭나지 아니하면 하나님의 나라를 볼 수 없느니라." 하나님 나라에 들어가기 위해 인간이 할 수 있는 것은 아무것도 없다는 말씀이다. 사람은 오직 새로 태어나야 한다. 그런데 여기서 '거듭'으로 번역된 그리스어는 '위로부터'를 뜻한다. 위로부터, 즉 하나님에 의해서만 인간은 새로 태어난다. 예수님은 오직 이를 통해서만 사람이 하나님 나라에 들어갈 수 있다고 말씀하셨다.

그러자 니고데모가 다시 묻는다. "사람이 늙으면 어떻게 날 수 있사옵나이까? 두 번째 모태에 들어갔다가 날 수 있사옵나이까?" 예수님은 대답하신다. "진실로 진실로 네게 이르노니 사람이 물과 성령으로 나지 아니하면 하나님의 나라에 들어갈 수 없느니라 육으로 난 것은 육이요 영으로 난 것은 영이니 내가 네게 거듭나야 하겠다 하는 말을 놀랍게 여기지 말라 바람이 임의로 불매 네가 그 소리는 들어도 어디서 와서 어디로 가는지 알지 못하나니 성령으로 난 사람도 다 그러하니라"(요 3:5-8). 여기서 예수님은 육과 영을 대조시키신다. '육'이란 자연적 출생으로 존재하는 인간으로서, 육신, 즉 세상에 붙잡힌 인간을 가리킨다. 이러한 자연적 · 육신적 인간이 하나님 나라에 들어가려면 성령의 역사를 통해 위로부터 거듭나 영적 존재가 되어야 한다. 그런데 성령의 역사는 바람이 임의로 부는 것처럼 신비로운 것이다. 이것은 인간이 통제하거나 조작할 수 있는 것이 아니다. 바람이 어떻게 생겨나고 어디에서 와서 어디로 가느냐 하는 것이 고대 사람들에게 수수께끼였던 것처럼, 성령으로 거듭나는 일은 하나님만이 행하실 수 있는 신비한 사건이다. 예수님은 하나님이 베푸시는 은혜의 신비 안에서 성령으로 거듭나야 하나님 나라에 들어갈 수 있다고 말씀하신다.

두 번째 단락은 요한복음 3:9~21로서, 성령을 통한 위로부터의 거듭남과 영생은 아들이 아버지께로 가야만 가능하며, 그것은 예수님을 믿는 자들에게만 허용된다는 것이 핵심 내용이다. 니고데모의 세 번째 질문은 "어찌 그러한 일이 있을 수 있나이까?"였다. 즉, "어떻게 성령으로 거듭날 수 있습니까?" 하는 것이다. 사실 이 물음에는 니고데모 스스로가 답변할 수 있어야 했다. 왜냐하면 구약성서의 여러 곳에서 종말의 때에 성령이 어떤 일을 하실지를 예언하고 있기 때문이다. 예를 들면, 에스겔 11 : 19~20에는 하나님께서 이스라엘 백성에게 하나님의 영을 주어 돌같이 굳은 마음을 제거하고 살처럼 부드러운 마음을 주실 것이며, 또 그들에게 하나님의 영을 주셔서 하나님의 율례를 행하게 하신다는 말씀이 나온다. 그래서 예수님은 "너는 이스라엘의 선생으로서 이러한 것을 알지 못하느냐?"라고 책망하시며 그의 무지를 지적하셨다.

니고데모는 예수님을 만난 후에 기독교 공동체에 합류한 것으로 보인다. 요한복음에서 그는 두 번 더 언급된다. 요한복음 7 : 50에서 그는 대제사장과 바리새인들에게 예수님이 행한 것을 알기 전에 그를 심판해서는 안 된다고 말하면서 예수님을 변호한다. 또 요한복음 19 : 39에는 예수님이 돌아가신 후에 니고데모가 몰약과 침향 섞은 것을 가져왔다고 기록되어 있다.

본문에서 예수님과 니고데모의 직접적인 대화는 사실상 요한복음 3 : 12에서 끝난다. 3 : 13~18에서 '인자'라는 3인칭 명칭이 2번, '그'라는 3인칭 명칭이 5번 나타난다는 사실은 이 부분이 예수님의 입에서 직접 나온 말씀이 아니라 요한복음 저자(또는 편집자)의 구성물이라는 추론의 근거가 된다. 13절에 따르면 인자는 하늘에 올라가야 한다. "하늘에서 내려온 자 곧 인자 외에는 하늘에 올라간 자가 없느니라 모세가 광야에서 뱀을 든 것 같이 인자도 들려야 하리니 이는 그를 믿는 자마다 영생을 얻게 하려 하심이니라"(요 3:13-15). 여기서 "인자가 들린다."라는 말은 예수님이 십자가에 달려 죽고 부활한 후에 하늘로 올라가심을 의미한다. 요한복음 저자는 예수님이 하늘로 올라가셔야 성령이 오신다는 점을 거듭 강조한다. "내가 떠나가는 것이 너희에게 유익이라 내가 떠나가지 아니하면 보혜사가 너희에게로 오시지 아니할 것이요 가면 내가 그를 너희에게로 보내리니"(요 16:7). 예수님의 제자 요한으로 추정되는 '예수의 사랑하는 제자'는 주후 80~90년대에 세상을 떠난 것으로 보인다. 이 제자의 죽음은 목격자 시대, 즉 사도 시대의 종말을 의미했다. 사도 시대가 끝나고 나사렛 예수와의 인간적 연결 고리가 끊어짐에 따라 교회 안에 예수의 지속적인 현존으로서의 보혜사(paraclete) 성령 교리가 요청된 것으로 보인다.

요한복음 3:15 이하는 영생을 얻기 위해서는 예수님을 믿어야 함을 강조한다. 이 부분에서 예수님은 3인칭 '그'로 표현된다. "이는 그를 믿는 자마다 영생을 얻게 하려 하심이니라 하나님이 세상을 이처럼 사랑하사 독생자를 주셨으니 이는 그를 믿는 자마다 멸망하지 않고 영생을 얻게 하려 하심이라"(요 3:15-16). 성령으로 거듭나서 예수님을 믿음으로써 영생을 얻는다는 것이 요한복음의 구원론의 핵심이다.

니고데모와의 대화를 포함한 요한복음 강화 전반에서는 육신적 차원과 영적 차원이 대립되고, 전자로부터 후자로의 전환이 강조된다. 자연적 생명이 하나님께서 사람에게 영을 주심으로 말미암는다면(창 2:7), 영생은 하나님께서 사람에게 성령을 주심으로 시작된다. 성령으로 거듭나는 것은 바람이 어디서 와서 어디로 가는지 알 수 없는 것과 같이 신비한 일이다. 요한복음 전체의 핵심적 주제는 예수님의 십자가와 부활 그리고 승천의 결과로 성령이 오신다는 것이며, 성령으로 거듭나서 예수님에 대한 믿음을 가질 때 영생을 얻게 된다는 것이다. '성령-거듭남-믿음-영생'이 예수님과 니고데모의 대화 본문의 키워드다.

요한복음에서 '하나님 나라'와 '영생'은 동일한 의미로 사용된다. 즉, 성령으로 거듭나고 예수님을 믿는 것이 하나님 나라에 들어가는 길이자 영생을 얻는 길이다. 이것은 하나님 나라 개념의 개인화(individualization), 영화(spiritualization), 비역사화(dehistoricization), 그리고 종말론의 현재화, 즉 실현된 종말론(realized eschatology)을 보여 준다. 다음과 같은 구절에 하나님 나라 개념과 종말론의 이러한 특징들이 잘 나타난다. "그를 믿는 자는 심판을 받지 아니하는 것이요 믿지 아니하는 자는 하나님의 독생자의 이름을 믿지 아니하므로 벌써 심판을 받은 것이니라"(요 3:18). "내 말을 듣고 또 나 보내신 이를 믿는 자는 영생을 얻었고 심판에 이르지 아니하나니 사망에 서 생명으로 옮겼느니라"(요 5 : 24).

공관복음서에서 예수님의 하나님 나라 복음 선포에 나타나는 종말론은 임박한 미래에 도래할 하나님 나라에 관한 미래적 · 역사적 · 묵시적 종말론이다. 그런데 요한복음에서는 성령의 임재를 통해 예수님을 믿으면 지금 영생을 얻으며, 예수님을 믿지 않는 사람은 이미 심판을 받은 것이라는 현재적 · 실현된 종말론으로 대치된다. 또한 역사적 · 우주적 차원의 하나님 나라 복음이 개인적 · 실존적 차원의 하나님 나라 또는 영생의 복음으로 대치된다. 이와 같은 종말론의 개인적 · 실존적 현재화는 주후 70년에 예루살렘이 파괴되면서 예수님의 임박한 재림과 묵시적 종말에 대한 기대가 쇠퇴한 당시 사회 · 정치적 상황을 반영하는 것으로 보인다.

물론 영생 개념이 공관복음서에 나타나지 않는 것은 아니다. 그러나 영생이 예수님을 믿는 믿음과 관계되는 요한복음과 달리, 공관복음에서 그것은 오히려 예수님의 말씀대로 하는 실천적 행위와 관계된다. 예를 들어 마태복음 19 : 16~21(막 10 : 17-31, 눅 18 : 18-30)에서 어떤 사람이 예수님께 "내가 무슨 선한 일을 하여야 영생을 얻으리이까?" 하고 묻자, 예수님은 "네 소유를 팔아 가난한 자들에게 주라 그리하면 하늘에서 보화가 네게 있으리라 그리고 와서 나를 따르라"고 말씀한다. 마태복음 25 : 31~46에서는 예수님이 종말론적 심판 이야기를 들려주시는데, 여기서 재판장인 임금, 즉 하나님이 "악인은 영벌에 의인은 영생에 들어가리라."라고 심판하실 때의 기준은 "지극히 작은 자 하나에게 한 것과 하지 아니한 것이 곧 자신(임금)에게 한 것과 하지 않은 것"이다. 누가복음 10 : 25~37에서 예수님이 말씀하시는 '사마리아인 비유' 역시 이러한 점을 잘 드러낸다. 이는 "선생님 내가 무엇을 하여야 영생을 얻으리이까?"라는 율법사의 질문에 대한 대답으로 주어진 것이다. 예수님은 이 이야기를 들려주신 후 반문하신다. "네 생각에는 이 세 사람 중에 누가 강도 만난 자의 이웃이 되겠느냐?" 율법사가 "자비를 베푼 자니이다."라고 대답하자, 예수님은 "가서 너도 이와 같이 하라"고 말씀하신다. 즉, 사마리아인처럼 강도 만난 자의 이웃이 되어 사랑을 실천하는 것이 곧 영생의 길이라는 것이다.

그러므로 행위를 강조하는 공관복음서의 구원의 길과 믿음을 강조하는 요한복음의 구원의 길 사이에는 긴장이 존재한다. 이러한 긴장을 조화시키는 것이 가능한가?

무엇보다 우리는 요한복음에서 믿음과 행위가 분리되지 않는다는 사실을 기억해야 한다. 요한복음에서 예수님은 제자들과의 마지막 만찬 후에 이렇게 말씀하셨다. "내가 아버지의 계명을 지켜 그의 사랑 안에 거하는 것 같이 너희도 내 계명을 지키면 내 사랑 안에 거하리라…… 내 계명은 곧 내가 너희를 사랑한 것 같이 너희도 서로 사랑하라 하는 이것이니라"(요 15 : 10-12). "너희는 내가 명하는 대로 행하면 곧 나의 친구라"(요 15 : 14). 이 구절들에서 예수님은 사랑의 실천을 강조하신다. 그리고 제자들이 서로 사랑하는 것이 자신 안에 거하는 길이라고 말씀하신다. 이처럼 요한복음에서 믿음은 사랑의 행함과 분리되지 않는다. 우리는 예수님을 믿음으로써 뿐만 아니라 사랑의 계명을 지켜 행함으로써 예수님 안에 거한다.

우리는 예수님을 믿는 것이 예수님의 하나님 나라 복음을 받아들이고 그 사역에 동참하는 것과 분리될 수 없음을 기억해야 한다. 예수님의 하나님 나라 복음을 받아들이지 않고, 또한 그 사역에 동참하지 않으면서 예수님을 믿는다고 고백하는 것은 공허한 일이다. 예수님의 하나님 나라 복음은 그분이 공생애를 시작하며 (이사야 61:1 이하를 인용하며) 하신 말씀에 잘 나타난다. "주의 성령이 내게 임하셨으니 이는 가난한 자에게 복음을 전하게 하시려고 내게 기름을 부으시고 나를 보내사 포로 된 자에게 자유를, 눈 먼 자에게 다시 보게 함을 전파하며 눌린 자를 자유롭게 하고 주의 은혜의 해를 전파하게 하려 하심이라"(눅 4 : 18-19). 이 말씀은 어려움을 당한 이웃에게 사랑을 실천함으로써 구현되는 하나님 나라의 모습을 잘 보여준다. 그러므로 예수님을 믿는 믿음은 예수님의 하나님 나라 복음을 위한 사랑의 실천과 결코 분리될 수 없다.

이런 의미에서 바울은 "그리스도 예수 안에서는…… 사랑으로써 역사하는 믿음뿐이니라"(갈 5 : 6)라고 말했다. 즉, 사랑의 실천으로 나타나지 않는 믿음은 진정한 믿음이 아니다. 바로 이런 의미에서 야고보도 행함이 없는 믿음은 죽은 것이라고 말했다. "내 형제들아 만일 사람이 믿음이 있노라 하고 행함이 없으면 무슨 유익이 있으리요 그 믿음이 능히 자기를 구원하겠느냐 만일 형제나 자매가 헐벗고 일용할 양식이 없는데 너희 중에 누구든지 그에게 이르되 평안히 가라, 덥게 하라, 배부르게 하라 하며 그 몸에 쓸 것을 주지 아니하면 무슨 유익이 있으리요 이와 같이 행함이 없는 믿음은 그 자체가 죽은 것이라"(약 2 : 14-17). "영혼 없는 몸이 죽은 것 같이 행함이 없는 믿음은 죽은 것이니라"(약 2 : 26). 나는 이 구절들을 읽을 때마다 두려운 마음을 금할 수 없다. 예수님을 믿는다 하는 나는 삶 속에서 얼마나 사랑을 실천하는가? 내 믿음은 살아 있는 믿음인가, 죽은 믿음인가? 사랑의 실천은 우리의 믿음이 살아 있는지 죽었는지를 판가름하는 시금석이다. 우리의 믿음이 사랑의 실천으로 살아 있기를 기도한다.

영생의 복음

진실로 진실로 너희에게 이르노니 믿는 자는 영생을 가졌나니 내가 곧 생명의 떡이니라 너희 조상들은 광야에서 만나를 먹었어도 죽었거니와 이는 하늘에서 내려오는 떡이니 사람으로 하여금 먹고 죽지 아니하게 하는 것이니라 나는 하늘에서 내려온 살아 있는 떡이니 사람이 이 떡을 먹으면 영생하리라 내가 줄 떡은 곧 세상의 생명을 위한 내 살이니라 하시니라 그러므로 유대인들이 서로 다투어 이르되 이 사람이 어찌 능히 자기 살을 우리에게 주어 먹게 하겠느냐 예수께서 이르시되 내가 진실로 진실로 너희에게 이르노니 인자의 살을 먹지 아니하고 인자의 피를 마시지 아니하면 너희 속에 생명이 없느니라 내 살을 먹고 내 피를 마시는 자는 영생을 가졌고 마지막 날에 내가 그를 다시 살리리니 내 살은 참된 양식이요 내 피는 참된 음료로다 내 살을 먹고 내 피를 마시는 자는 내 안에 거하고 나도 그의 안에 거하나니 살아 계신 아버지께서 나를 보내시매 내가 아버지로 말미암아 사는 것 같이 나를 먹는 그 사람도 나로 말미암아 살리라 이것은 하늘에서 내려온 떡이니 조상들이 먹고도 죽은 그것과 같지 아니하여 이 떡을 먹는 자는 영원히 살리라(요 6 : 47-58)

생명의 떡 예수 그리스도

요한복음에는 7개의 기적 이야기가 소개된다. 그리고 각 이야기들 뒤에는 강화 형태의 신학적 해석이 뒤따른다. 말하자면 7개의 기적 이야기들은 신학적 강화를 위해 선별된 것이다. 이것이 요한복음의 편집과 구성에 있어서 독특한 점이다. 요한복음 6 : 1~15에는 네 번째의 기적인 오병이어 기적 이야기가 나타난다. 그리고 6 : 25~71에는 예수님이 자신을 생명의 떡으로 소개하는 긴 강화가 따라온다. 이 강화는 오병이어 기적 이야기에 대한 신학적 해석이다. 이를 통해 우리는 오병이어 기적 이야기가 예수님을 '생명의 떡'으로 소개하는 표적(sign)으로 제시된 것임을 알 수 있다.

요한복음이 처음 기록될 당시인 주후 70년 이후는 로마군의 공격으로 예루살렘이 파괴된 후로서, 기독교는 유대교로부터 많은 핍박을 받고 있었다. 예루살렘 성전이 파괴된 이후 위기 상황에 빠진 유대교에 있어서 예수를 믿는 유대인들은 율법을 파괴하는 존재였기 때문이다. 따라서 주후 80년대에는 유대 그리스도인들을 회당에서 축출하려는 시도가 조직적으로 진행되었다. 요한복음에는 유대교와 초기 그리스도인들이 대립하던 시대적 상황이 반영되어 있다. 요한복음에서 70번이나 등장하는 '유대인들'은 유대 종교 당국, 특히 예루살렘에 있으면서 예수님과 그분을 믿는 그리스도인에게 적대적이던 자들을 일컫는 용어이다.

요한복음은 '유대인들'이 거부했던 예수님이 메시아이며 하나님의 아들이라는 사실을 강조함으로써, 예수님을 믿는 기독교 신앙을 정당화하고자 했다. 또한 예수님을 믿지만 유대교를 버려서는 안 된다는 생각과 자신의 신앙 사이에서 갈등하던 유대인들에게 과감하게 회당을 떠날 것을 요구했다. 예수님을 믿지만 바리새인들로부터 출교를 당할까 두려워서 드러나게 말하지 못하는 사람을 가리켜, 요한복음 저자는 '사람의 영광을 하나님의 영광보다 더 사랑하는 사람'이라고 책망하기까지 한다(요 12:42-43). 이와 같은 '유대인들'과의 대립 속에서, 본문은 예수님이 유대인들의 생각처럼 단지 요셉으로부터 태어난 한 인간이 아니라 신적인 존재, 즉 우리에게 참 생명을 주려고 하늘로부터 내려온 떡이며 영생의 양식임을 증언한다.

본문에서 예수님은 "썩을 양식을 위하여 일하지 말고 영생하도록 있는 양식을 위하여 하라"(요 6:27)고 말씀하신다. 그리고 영생하는 양식이란 하늘에서 내려온 산 떡, 즉 생명을 주는 떡이신 예수님 자신이라고 말씀하신다. "이는 하늘에서 내려온 살아 있는 떡이니 사람이 이 떡을 먹으면 영생하리라 내가 줄 떡은 곧 세상의 생명을 위한 내 살이니라"(요 6:50-51). 요한복음은 또한 생명의 떡인 예수님과 우리의 관계를 (당시 이미 초기 교회 안에서 행해지던) 성만찬 예전의 관점에서 설명한다. "내 살을 먹고 내 피를 마시는 자는 영생을 가졌고 마지막 날에 내가 그를 다시 살리리니 내 살은 참된 양식이요 내 피는 참된 음료로다 내 살을 먹고 내 피를 마시는 자는 내 안에 거하고 나도 그의 안에 거하나니"(요 6:54-56). 성찬식에서 떡은 주님의 살을 상징하고, 포도즙은 주님의 피를 상징한다. 주님의 살과 피를 상징하는 떡과 포도즙을 먹고 마심으로써 우리는 예수님의 살을 먹고 피를 마시는 것이다. 그럴 때 우리는 예수님 안에 거하고 또한 예수님이 우리 안에 거하신다. 우리는 지금 여기에서 영생을 선물로 받으며, 또한 마지막 날에 부활해 영원한 생명을 누릴 것이다.

구약의 아모스에는 타락한 이스라엘 사람들을 향한 하나님의 탄식이 기록되어 있다. "주 여호와의 말씀이니라 보라 날이 이를지라 내가 기근을 땅에 보내리니 양식이 없어 주림이 아니며 물이 없어 갈함이 아니요 여호와의 말씀을 듣지 못한 기갈이라"(암 8:11). 옛날이나 지금이나 하나님의 말씀을 듣지 못하는 기갈이 궁극적인 문제다. 오늘날이 경제적으로 매우 어려운 것은 사실이지만, 그래도 과거에 비하면 풍요한 시대이다. 불과 몇십 년 전만 해도 우리나라에는 보릿고개, 즉 지난해 가을에 걷은 식량은 다 떨어지고 초여름 보리를 수확하기 전의 춘궁기가 있었다. 이때 가난한 사람들은 풀뿌

리와 나무껍질(초근목피) 등으로 연명했다. 그러나 지금 우리나라는 국내총생산(GDP)이 세계 10위에 올라 있다. 1인당 국민소득은 한국 전쟁 이전 대비 500배 증가한 3만 불 대이다. 예전에는 사람들이 '어떻게 하면 오늘 하루도 굶지 않고 잘 넘길까?'에 관심을 가졌다. 그러나 지금은 얼마나 더 좋은 것을 먹고, 더 좋은 집에 살고, 더 좋은 옷을 입느냐에 관심이 있다. 단지 굶어 죽지 않고 생존하기 위해서가 아니라 더 나은 삶의 질을 누리기 위해 애쓰는 것이다.

더 나은 삶의 질을 추구하는 게 결코 잘못된 것은 아니다. 단지 물질적이고 육신적인 차원에서만 그것을 추구함으로써 정신적 · 영적 가치가 뒷전으로 밀려나는 것이 문제다. 신학자 폴 틸리히(Paul Tillich)는 신앙이란 '궁극적 관심'(ultimate concern)이라고 말했다. 현대인의 문제는 궁극적 관심이 영적인 것이 아니라 물질적인 것에 집중되어 있다는 데 있다. 급속도로 발전하는 과학기술이 인류에게 약속하는 것은 물질적 풍요이지 정신적 풍요는 아니다. 오히려 과학기술 문명은 인간의 기술적 이성(technical reason)만을 과도하게 발전시킴으로써 인간의 존재론적 이성(ontological reason)을 빈곤하게 만든다. 여기서 존재론적 이성이란 인간 자신의 존재 자체에 대한 명상적 사고능력, 다른 말로 존재의 영성이라고 할 수 있다. 과학기술 문명이 발달할수록 인간의 정신적 · 영적 능력이 더욱 빈곤해지는 현상은 인터넷에서 정보를 탐색하거나 네비게이션으로 길을 찾는 데 익숙해진 현대인들의 사고능력과 기억력이 점차 퇴보하는 것과 유사하다.

육신적 욕망을 추구하는 인간에게 있어서 만족이란 결코 도달할 수 없는 목표다. "처음에는 사람이 술을 마시지만, 얼마 후에는 술이 술을 마시다가, 마지막에는 술이 사람을 마신다."는 말이 있다. 이 말은 육신적 쾌락을 추구하는 사람이 그것의 노예가 되어 결국 스스로 파멸하는 것을 잘 표현해 준다. 물질적 풍요와 육신적 즐거움은 바닷물을 마시는 것과 같아서 잠시 목을 축여 주는 것 같지만, 결코 내면 깊은 곳 영혼의 갈증을 해소하지 못하고 더욱 심한 영적 갈증을 불러일으킨다. 옛날이나 오늘이나 사람들은 육신의 양식이 없어서 굶주리고 마실 물이 없어서 목마른 것이 아니다. 참된 생명의 양식과 참된 생명의 물이 없어서 목마르다.

본문은 참된 생명의 떡이 예수 그리스도라고 말씀한다. 유대교 지혜문학 전통은 이스라엘 민족이 광야에서 먹었던 만나(떡)를 하늘로부터 내려온 하나님의 말씀과 지혜로 이해하고는 했다. 또한 후기에 이르면 지혜를 율법과 동일시하기도 하고, 지혜의 활동을 족장사에서 발견하기도 했다. 요한복음 저자는 이러한 사상을 더욱 발전시켜서 예수님을 역사 속에서 활동하시는 하나님의 지혜, 즉 하늘로부터 내려온 생명의 떡이라고 선언한 것이다. 이 생명의 떡은 단지 인간의 육신에 일시적 배부름을 주는 양식이 아니다. 인간에게 영원한 생명을 주는 영적 양식이다.

요한복음은 또한 예수님이 영원한 생명의 물이심을 증언한다. 예수님이 사마리아를 지나가시다가 수가라는 동네의 우물곁에서 잠시 쉬고 계실 때, 사마리아 여인 하나가 물을 길으러 나왔다. 예수님은 그 여인에게 물을 좀 달라고 하셨고, 여인은 "당신은 유대인으로서 어찌하여 사마리아 여자인 나에게 물을 달라 하나이까?"라고 물었다. 당시 유대인들은 사마리아인들을 멸시하고 상종하지 않았기 때문이었다. 이때 예수님은 이렇게 대답하셨다. "네가 만일 하나님의 선물과 또 네게 물 좀 달라 하는 이가 누구인 줄 알았더라면 네가 그에게 구하였을 것이요 그가 생수를 네게 주었으리라"(요 4 : 10). 그리고 "이 물을 마시는 자마다 다시 목마르려니와 내가 주는 물을 마시는 자는 영원히 목마르지 아니하리니 내가 주는 물은 그 속에서 영생하도록 솟아나는 샘물이 되리라"(요 4 : 13-14)라고 말씀하셨다.

예수님은 모든 인간에게 참 생명을 가져다주는 생명의 떡이요 영생의 물이시다. 예수님은 생명의 주님이다. 이것이 요한복음이 전하는 복음의 핵심이다. "하나님이 세상을 이처럼 사랑하사 독생자를 주셨으니 이는 그를 믿는 자마다 멸망하지 않고 영생을 얻게 하려 하심이라"(요 3 : 16). 요한복음은 독자들이 예수님을 믿고 생명을 얻도록 하기 위해 기록되었다. "오직 이것을 기록함은 너희로 예수께서 하나님의 아들 그리스도이심을 믿게 하려 함이요 또 너희로 믿고 그 이름을 힘입어 생명을 얻게 하려 함이니라"(요 20 : 31).

요한복음은 생명, 즉 영생의 원리가 육이 아닌 영에 있음을 강조한다. "살리는 것은 영이니 육은 무익하니라"(요 6:63). 요한복음이 '영적 복음서'(spiritual gospel)라고 불리는 이유가 여기에 있다. 요한복음 3장의 예수님과 니고데모의 대화는 이러한 특성을 분명히 보여 준다. 예수님은 니고데모에게 "사람이 거듭나지 아니하면 하나님의 나라를 볼 수 없느니라"(요 3:3)고 말씀하신다. 니고데모가 "사람이 늙으면 어떻게 날 수 있사옵나이까 두 번째 모태에 들어갔다가 날 수 있사옵나이까"(요 3:4) 하고 묻자, 예수님은 "사람이 물과 성령으로 나지 아니하면 하나님의 나라에 들어갈 수 없느니라 육으로 난 것은 육이요 영으로 난 것은 영이니 내가 네게 거듭나야 하겠다 하는 말을 놀랍게 여기지 말라"(요 3:5-7)고 말씀하신다. 그리고 다시 이렇게 말씀하신다. "하늘에서 내려온 자 곧 인자 외에는 하늘에 올라간 자가 없느니라 모세가 광야에서 뱀을 든 것 같이 인자도 들려야 하리니 이는 그를 믿는 자마다 영생을 얻게 하려 하심이니라"(요 3:13-15). 요한복음에서 예수님은 하늘에서 내려온 분(성육신)이며, 또한 하늘로 올라간 분(승천)으로서, 모든 믿는 자에게 영생을 주신다. 이를 위해 예수님은 모세가 광야에서 뱀을 든 것같이 십자가에 들려서 죽음을 당하셨다.

공관복음에서는 예수님의 십자가가 고통스럽고 수치스러운 일로 기술되는 반면, 요한복음에서는 그 사실이 영광스러운 일로 묘사된다. 요한복음은 예수님이 십자가에 달리신 것을 '들린다'라고 표현하는데, 이 말은 영광스럽게 된다는 것을 의미한다. 그래서 예수님은 십자가 죽음을 앞두고 "인자가 영광을 얻을 때가 왔도다"(요 12 : 23)라고 말씀하신다. 마태복음과 마가복음에서 예수님은 십자가에서 죽으실 때 "나의 하나님, 나의 하나님, 어찌하여 나를 버리셨나이까(엘리 엘리 라마 사박다니)"(마 27 : 46, 막 15 : 34) 하고 절규하시는데 반해, 요한복음에서 예수님은 "다 이루었다"(요 19 : 30)고 선언하신다. 마태복음과 마가복음이 십자가에서 고통스럽게 절규하는 예수님을 유한한 인간으로 그린다면, "다 이루었다."라고 선언하는 요한복음 속 예수님은 영광스런 신적 승리자의 모습이다.

공관복음의 하나님 나라가 이 땅에 하나님의 통치를 구현하는 종말론적 나라라면, 요한복음의 하나님 나라는 예수님을 믿음으로 들어가는 영생의 나라다. 요한복음에 따르면 예수님은 제자들 곁을 떠나시면서 보혜사 성령을 보내셨다. 우리가 영생의 나라에 들어가기 위해서는 예수님께서 보내신 성령을 통해 육의 사람을 벗어 버리고 영의 사람으로 새롭게 거듭나야 한다. 요한이 증언하는 핵심은 성령을 통해 영으로 거듭나는 사람은 지금 여기에서 생명을 선물로 받으며, 마지막 날 부활 때 영원한 생명을 누리게 된다는 것이다. "나는 부활이요 생명이니 나를 믿는 자는 죽어도 살겠고 무릇 살아서 나를 믿는 자는 영원히 죽지 아니하리니"(요 11 : 25-26).

그런데 예수님을 믿고 성령으로 거듭나서 영생을 누린다는 것은 어떤 것인가? 신천지가 급성장한 이유가 교주 이만희의 '영생 약속'

때문이었다. 이만희는 자신이 예수 그리스도의 영과 계약되어 있기 때문에 육신 영생이 가능하다고 주장하면서 신도들을 끌어 모았다고 한다. 그의 가르침을 따르는 신천지 신도들은 사후의 영생만이 아니라 지금의 육체적 생명도 죽지 않는다고 믿는다. 또한 병에 걸려 죽는 것은 믿음이 부족하기 때문이라고 믿는다 한다. 신천지의 이러한 영생 교리는 영원히 살기를 바라는 인간의 욕망을 이용한 거짓된 교리이다. 그렇다면 기독교의 영생 교리는 어떻게 신천지의 그것과 구별되는가? "생명의 떡이신 예수님을 믿습니다."라고 고백하기만 하면 영생을 얻는 것인가? 우리의 이 고백이 영원히 살기를 바라는 사이비 종교집단 신도의 욕망 투사(projection)와 어떻게 구별되는가? 우리를 거듭나게 하신 성령이 그들의 거짓된 영과는 다른 참된 진리의 영, 그리스도의 영이신 것을 무엇으로, 어떻게 입증할 수 있는가?

마가복음 10장에서 어떤 율법사가 예수님께 나아와서 무엇을 해야 영생을 얻을 수 있는지 물었다. 예수님은 이렇게 대답하셨다. "네가 계명을 아나니 살인하지 말라, 간음하지 말라, 도둑질하지 말라, 거짓 증언 하지 말라, 속여 빼앗지 말라, 네 부모를 공경하라 하였느니라"(막 10:19). 율법사는 "이것은 내가 어려서부터 다 지켰나이다"(막 10:20) 하고 대답했다. 이에 예수님은 이렇게 말씀하셨다. "네게 아직도 한 가지 부족한 것이 있으니 가서 네게 있는 것을 다 팔아 가난한 자들에게 주라 그리하면 하늘에서 보화가 네게 있으리라 그리고 와서 나를 따르라"(막 10:21).

율법사가 예수님께 영생의 길을 물었을 때, 예수님은 "네게 있는 것을 다 팔아 가난한 자들에게 주고 나를 따르라."고 말씀하셨다. 이것은 무엇을 의미하는가? 율법사는 영생을 소유하려는 욕망을 가지고 예수님께 나아왔다. 사실 영원히 살고 싶다는 욕망을 가지지 않은 사람이 어디 있겠는가? 그러나 예수님은 영생이 영원히 살고자 하는 욕망으로 소유할 수 있는 것이 아니라고 말씀하셨다. 오히려 이웃을 위해 자신의 소유를 버려야 영생을 얻을 수 있다고 말씀하셨다. 이웃을 위해 자신의 소유를 버리는 것은 이기적 욕망을 버리고 자신을 비워 이웃 사랑을 실천한다는 의미이다. 예수님은 이 자기 비움과 이웃 사랑이 바로 영생의 길이라고 말씀하신다. 에리히 프롬(Erich Fromm)의 표현을 빌리면, "영생은 소유의 문제가 아니고 존재의 문제다." 영원히 살려는 이기적인 욕망으로 영생을 획득하거나 소유할 수는 없다. 우리가 자신을 비우고 이웃 사랑을 실천하는 존재가 될 때, 우리의 생명이 영원한 생명으로 변화되는 것이다.

본문은 예수님의 살(떡)을 먹고 피(포도즙)를 마심으로써 우리가 예수님 안에, 예수님이 우리 안에 거한다고 말씀한다. 이 말씀은 무슨 의미인가? 성만찬의 떡과 포도즙 안에 우리를 예수님과 신비하게 연합시키는 마술적 힘이 들어 있다는 것은 아니다. 예수님의 살은 십자가에서 찢기신 살이고, 예수님의 피는 십자가에서 흘리신 피다. 이 살과 피는 인간의 죄를 대속하기 위해 희생하신 예수님 자신의 몸이다. 이 살과 피는 우리를 위해 자신을 비우고 내어 주신 자기 희생적 사랑의 체현(體現)이다. 우리가 성만찬에서 예수님의 살(떡)을 먹고 예수님의 피(포도즙)를 마실 때, 우리는 성령 안에서 부활하신 주님과 신비한 연합을 이루고, 우리 안에는 주님의 새로운 생명력이 약동하게 된다. 이 새로운 생명력은 자기 비움과 자기희생적인 사랑의 생명력이다. 하나님의 은혜로 우리 안에 이 생명력이 약동할 때, 우리는 영생의 길로 들어선다.

부활과 영생은 십자가의 죽음을 전제한다. 십자가의 죽음 없는 부활과 영생은 없다. 십자가의 죽음이 따로 있고 부활이 따로 있는 것이 아니다. 마치 한 알의 밀알이 썩을 때 그 안에 새 생명을 잉태하듯이, 자기 비움과 자기희생의 십자가 죽음 안에 생명을 살리는 부활의 능력이 있다. 이것이 바로 바울이 "십자가의 도가…… 구원을 받는 우리에게는 하나님의 능력"(고전 1 : 18)이라고 선포한 이유다. 예수님의 십자가는 하나님의 자기 비움과 자기희생적 사랑의 역사적 현현이다. 우리가 예수님의 살과 피를 먹고 마심으로써 예수님의 십자가 죽음에 참여할 때, 우리 안에는 자기 비움과 자기희생적 사랑의 생명력이 새롭게 약동한다. 이 새로운 생명력을 따라 자기 비움과 자기희생적 사랑의 삶을 향해 나아갈 때, 우리는 예수님의 부활에 참여하고 저 영원한 생명의 나라에 들어가게 될 것이다. 이 영생의 축복이 우리 모두에게 있기를 기원한다.

예수께서 대답하여 이르시되 이 물을 마시는 자마다 다시 목마르려니와 내가 주는 물을 마시는 자는 영원히 목마르지 아니하리니 내가 주는 물은 그 속에서 영생하도록 솟아나는 샘물이 되리라(요 4 : 13-14)

명절 끝날 곧 큰 날에 예수께서 서서 외쳐 이르시되 누구든지 목마르거든 내게로 와서 마시라 나를 믿는 자는 성경에 이름과 같이 그 배에서 생수의 강이 흘러나오리라 하시니 이는 그를 믿는 자들이 받을 성령을 가리켜 말씀하신 것이라(요 7 : 37-39)

요한복음 4장의 본문은 예수님이 제자들과 예루살렘에서 북쪽 갈릴리로 가기 위해 사마리아 지역을 지나시던 중 일어난 사건을 다룬 이야기다. 당시 유대인들은 사마리아인들과 적대했다. 여기에는 역사적인 이유가 있다. 바벨론 제국이 이스라엘 민족을 멸망시킨 기원전 586년을 전후로 세 차례에 걸쳐 많은 유대인이 바벨론에 포로로 끌려갔다. 바벨론 제국은 이스라엘의 혈통적 순수성을 희석하고 민족주의를 와해시키기 위해 사마리아 지역에 많은 이방 민족을 이주시켰다. 사마리아에 거주하던 많은 유대인은 이들 이방인과 결혼함으로써 민족적 혈통의 순수성을 잃어버린다. 후에 바벨론 포로로 잡혀갔던 유대인들이 돌아와 예루살렘 성벽과 성전을 건축하는 과정에서 사마리아인들과 많은 충돌이 일어났다. 유대인들은 사마리아인들을 '이방인의 피가 섞인 개 같은 족속'이라고 경멸하고 상종하지 않았다. 그래서 유대에서 갈릴리로 갈 일이 있어도 그 중간 지역인 사마리아를 통과하지 않고 우회하고는 했다.

그러나 예수님은 그렇게 하시지 않고 사마리아를 거쳐 가셨다. 말하자면 예수님은 당대의 이데올로기인 '배타적 지역감정'을 거부하신 것이다. 예수님과 제자들은 사마리아의 수가라는 동네에 이르렀다. 제자들이 먹을 것을 구하러 동네로 들어간 사이에 예수님은 갈증을 해소하기 위해 우물가로 가셨다. 사람들의 이목을 피해 한낮에 물을 길으러 온 한 여인이 그곳에 나타났고, 예수님은 그에게 물 좀 달라고 말을 건네셨다. 유대 청년이 사마리아 여인에게 먼저 대화를 시도한 것은 파격 그 자체였다. 당시 유대 사회에서 제사장이나 율법사 같은 종교인들은 길을 가다가 앞에 여성이 나타나면 마주치지 않으려고 피해 다녔다고 한다. '여성은 남성이 죄를 짓게 만드는 유혹적인 존재'라는 가부장적 고정관념이 지배하던 사회였기 때문이다. 더욱이 상대는 사마리아 여인이 아닌가? 그러나 예수님은 당시의 모든 잘못된 가부장적 · 지역적 고정관념을 거부하셨다.

예수님이 말을 건넨 상대가 남성 관계가 매우 복잡한 여인이었다는 사실은 더욱 놀라운 일이었다. 예수님이 이미 아셨듯 이 여인에게는 남편이 다섯 있었는데, 지금 있는 남편도 떳떳한 상대가 아니라 이미 결혼해서 가정이 있는 자였다. 여인이 타인의 이목을 피해 한낮에 물을 길으러 올 수밖에 없었던 이유가 이것이었다. 예수님은 이러한 사정을 꿰뚫어 보시고 말을 건네셨다. 그것은 사회에서 소외되고 멸시당하는 비천한 처지인 그녀에게 구원의 은혜를 베풀어 주시기 위해서였다.

예수님이 이 여인에게 물을 달라고 하신 것은 단지 자신의 목마름을 해소하기 위해서가 아니라, 그녀에게 영생하도록 솟아나는 구원의 샘물을 주시기 위함이었다. 예수님은 이 여인에게 말씀하신다. "이 물을 마시는 자마다 다시 목마르려니와 내가 주는 물을 마시는 자는 영원히 목마르지 아니하리니 내가 주는 물은 그 속에서 영생하도록 솟아나는 샘물이 되리라"(요 4 : 13-14).

물은 생명의 근원이다. 물이 있는 곳에 생명이 있다. 물은 모든 생명체가 생명을 유지하는 필수요소다. 우리 몸 세포의 75%, 그리고 뇌의 85%가 수분이다. 인류의 4대 문명도 물이 풍부한 강 유역에서 시작되었다. 시편 저자는 시편 1 : 3에서 시냇가에 심긴 나무가 시절을 좇아 과실을 맺으며, 그 잎사귀가 마르지 않는다고 노래한다. 고대 사람들은 물을 중요시한 나머지 신성한 것으로 여기기도 했다. 인도의 힌두교도들은 갠지스 강에서 몸을 씻으면 거룩해지고 구원을 받는다고 생각한다. 유대교에서도 전통적으로 물로 씻는 정결 예식이 있고, 기독교에도 물로 세례를 줌으로써 거듭남의 예식을 행한다. 예레미야는 하나님을 가리켜 '생수의 근원'(렘 2 : 13)이라고 표현했다.

이스라엘 민족은 전통적으로 3대 명절을 가장 큰 민족 축제일로 지킨다. 유월절, 초막절(장막절), 오순절이 그것이다. 이중 요한복음 7장 본문에서 언급되는 명절은 초막절이다. 이 기간에 이스라엘 백성은 조상들이 광야에서 40년 동안 유리방황한 것을 기억하기 위해 집을 떠나 초막(장막)에서 생활했다.

초막절의 제사의식은 이렇다. 백성들이 나뭇가지를 꺾어 들고 제단을 돌 때, 제사장은 금 물병에 실로암 연못 물을 떠 와서 제단에 붓는다. 이때 백성들은 할렐(시 113-118편)을 합창한다. 그들은 "여호와께 감사하라. 여호와께 감사하라." 하고 외치면서 제단을 향해 종려나무 가지를 흔든다. 이러한 의식은 물을 주신 하나님께 대한 감사이며, 또한 비를 내려 주시기를 구하는 기원이기도 했다. 이스라엘 민족이 광야 생활에서 겪은 가장 큰 고통은 마실 물이 없는 것이었다. 초막절 의식은 이러한 역사를 기억하고, 생명의 물을 주신 하나님께 감사하며, 또 비를 내려 주시기를 기원하는 의식이었다. 예수님은 제단에 물을 부으며 하나님께 감사하는 초막절 축제 의식을 보시면서, 자신이 생수의 근원이라고 선언하셨다. "누구든지 목마르거든 내게로 와서 마시라 나를 믿는 자는 성경에 이름과 같이 그 배에서 생수의 강이 흘러나오리라"(요 7 : 37-38).

요한복음 4장과 7장의 두 본문에서 공통적으로 예수님은 생수, 즉 영생의 물을 주겠다고 말씀하신다. 또한 두 본문에는 목마름이란 단어가 공통적으로 나온다. "이 물을 마시는 자는 다시 목마르려니와 내가 주는 물을 먹는 자는 영원히 목마르지 아니하리니", "누구든지 목마르거든 내게로 와서 마셔라." 여기서 목마름은 단지 육신의 목마름만을 의미하지 않는다. 이 목마름은 마음의 목마름, 영혼의 목마름을 의미한다. 예수님이 주겠다고 약속하시는 물은 육신의 갈증만 해소하는 물이 아니라 영혼의 갈증을 해소해 주는 물, 즉 영생의 샘물이다.

옛날이나 지금이나 인간의 영혼은 목마르다. 가난한 사람은 가난한 대로, 돈을 많이 번 사람은 많이 번 대로, 출세하지 못한 사람은 출세하지 못한 대로, 출세한 사람은 출세한 대로 목이 마르다. 아니, 돈을 더 많이 벌고 더 크게 출세할수록 더욱더 영혼의 갈증은 심해진다. 돈을 많이 벌고 크게 출세하면 행복할 줄 알지만, 오히려 더욱 큰 허무감과 우울증에 사로잡히게 된다. 왜 그런가? 그것은 참 생수의 근원이신 하나님을 떠났기 때문이다. 예레미야는 말씀한다. "내 백성이 두 가지 악을 행하였나니 곧 그들이 생수의 근원되는 나를 버린 것과 스스로 웅덩이를 판 것인데 그것은 그 물을 가두지 못할 터진 웅덩이들이니라"(렘 2:13). 인간의 어리석음은 생수의 근원 되신 하나님을 버리고 물을 가두지도 못하는 터진 웅덩이를 스스로 파는 것이다. '터진 웅덩이'란 세상의 헛된 권력, 재물, 명예 등을 가리킨다. 이러한 것들은 터진 웅덩이와 같아서 인간의 영혼에 결코 참 만족을 줄 수 없다. 또한 소금물과 같아서 마실수록 더욱 심한 갈증을 불러일으킬 뿐이다. 근본적으로 말하자면, 터진 웅덩이란 세상의 헛된 것들을 구하는 인간의 욕망 자체를 의미한다. 인간의 욕망은 터진 웅덩이처럼 만족을 모른다. 인간의 탐욕은 끊임없이 세상의 헛된 것들을 추구하고 또 그것들을 의지한다. 그러나 터진 웅덩이에 아무리 물을 부어도 밑으로 다 새어나가 들어차지 않는 것처럼, 욕망이란 터진 웅덩이는 만족할 줄 모른다.

생태 저술가 데이비드 콰먼(David Quammen)은 코로나19 바이러스가 박쥐 때문이 아니라 그걸 먹는 인간 때문에 생겨났다고 말한다. 인간의 욕심은 동물을 멸종시키고, 동물을 서식지로 삼던 미생물이 새로운 숙주를 찾는데 그게 바로 인간의 몸이라는 것이다. 인간의 탐심은 만족을 모른다. 이 탐심이 결국 인간 자신의 파멸을 초래한다. 야고보서의 말씀대로 "욕심이 잉태한즉 죄를 낳고 죄가 장성한즉 사망을 낳"(약 1 : 15)는다.

인간 영혼의 목마름은 이기적 욕망을 아무리 충족해도 해갈되지 않는다. 영혼의 목마름은 오직 참된 생수의 근원이신 하나님께 돌아갈 때만 해갈된다. 하나님 안에서만 영혼의 참된 만족이 있다. 하나님께서는 우리가 하나님 앞에 나와 물을 구할 때 응답하겠다고 약속하셨다. 이사야는 말씀한다. "가련하고 가난한 자가 물을 구하되 물이 없어서 갈증으로 그들의 혀가 마를 때에 나 여호와가 그들에게 응답하겠고 나 이스라엘의 하나님이 그들을 버리지 아니할 것이라"(사 41 : 17-18).

출애굽기 17장에는 애굽을 떠나 광야에 들어선 이스라엘 백성이 물이 없어서 고통당하는 이야기가 나온다. 이스라엘 백성은 르비딤에서 지도자 모세에게 물을 달라고 요구하면서 원망했다. "당신이 어찌하여 우리를 애굽에서 인도해 내어서 우리와 우리 자녀와 우리 가축이 목말라 죽게 하느냐"(출 17:3). 하나님은 백성을 위한 모세의 기도를 들으시고, 모세가 내려친 반석에서 물이 나오게 하셨다. 이스라엘 백성은 그 물을 마셨다. 모든 인생은 메마른 광야 길을 가는 이스라엘 백성과 같다. 그들은 참 생수의 근원이신 하나님 앞으로 나아와야 한다. 그분께 참된 영혼의 해갈과 만족이 있다. 이사야는 말한다. "오호라 너희 모든 목마른 자들아 물로 나아오라……. 너희는 귀를 기울이고 내게로 나아와 들으라 그리하면 너희의 영혼이 살리라"(사 55:1-3).

요한복음 7장의 본문에서 예수님은 생수의 근원이신 하나님께서 주시는 생명의 물을 자신이 주겠다고 말씀하신다. 그리고 요한복음 저자는 예수님이 약속하신 생명의 물이란 믿는 자들이 받을 성령을 가리킨다고 부연한다(요 7:39). 예수님이 약속하신 생명의 물을 성령으로 설명한 것은 요한복음 저자의 놀라운 영적 상상력이다. 예수님이 믿는 자들에게 성령을 보내실 것인데, 이 성령이 곧 생명의 물이라는 말씀이다. 요한복음의 특징은 성령을 예수님이 보내시는 보혜사, 즉 'helper'로 묘사하는 데 있다. "내가 아버지께로부터 너희에게 보낼 보혜사 곧 아버지께로부터 나오시는 진리의 성령이 오실 때에 그가 나를 증언하실 것이요"(요 15:26). 요한복음은 부활하신 예수님이 제자들에게 성령을 주시는 장면을 이렇게 묘사한다. "예수께서 또 이르시되 너희에게 평강이 있을지어다 아버지께서 나를 보내신 것 같이 나도 너희를 보내노라 이 말씀을 하시고 그들을 향하사 숨을 내쉬며 이르시되 성령을 받으라"(요 20 : 21-22). 요한복음이 증언하는 핵심은 부활하신 예수님이 세상을 떠나시면서 믿는 자들에게 성령을 보내셔서, 우리가 성령 안에서 영생의 물을 마시게 하신다는 것이다.

다시 요한복음 4장의 사마리아 여인 이야기로 돌아가 보자. 여인은 예수님의 말씀 안에서 영생의 샘물을 발견했다. 예수님의 말씀을 들은 그녀는 물동이를 버려 두고 동네로 들어가서 사람들에게 말했다. "내가 행한 모든 일을 내게 말한 사람을 와서 보라 이는 그리스도가 아니냐"(요 4 : 29). 이 여인의 내면에 매우 급격한 변화가 일어났다. 사람들의 눈을 피해 한낮에 물을 긷던 여인이 물동이를 버려 두고 동네로 들어가서 예수님이 그리스도라고 외쳤다는 것은 이를 단적으로 보여 준다. 그녀는 더 이상 사람들의 눈을 피하지 않는다. 오히려 동네로 들어가서 예수님이 그리스도라고, 여기에 영원히 목마르지 않는 물, 영생하도록 솟아나는 샘물이 있다고 크게 외친다. 상처와 열등감을 안고 사람들의 눈을 피해 숨어 살던 그녀는 사마리아 지역에서 처음으로 예수님의 하나님 나라 복음을 전파하는 증인이 되었다. 이 얼마나 놀라운 변화인가?

우리 가운데 이 여인과 같이 과거의 상처와 현재의 비천한 처지로 인해 숨죽여 사는 사람은 없는가? 혹시 내가 바로 사마리아 여인과 같은 사람은 아닌가? 사마리아 여인처럼 내 안의 상처와 수치심과 열등감이 자아를 속박하며 억누르고 있지는 않은가? 이것은 다른 사람이 아니라 바로 나 자신의 문제다. 나는 나 자신이 사마리아 여인처럼 마음의 상처와 열등감, 그리고 낮은 자존감으로 인해 힘들어하고 있음을 고백하지 않을 수 없다. 그래서 사마리아 여인에게 베풀어 주신 구원의 은총을 내게도 베풀어 달라고 늘 간구한다.

오늘도 주님은 사마리아 여인과 같은 우리를 찾아오신다. 주님을 만나고, 그분이 주시는 영생의 물을 마시는 자에게는 사마리아 여인과 같은 놀라운 변화가 일어난다. 모든 상처와 열등감과 낮은 자존감으로부터 치유를 받고 해방되는 것이다. 사마리아 여인에게 일어났던 이 놀라운 변화가 오늘 우리에게, 그리고 나에게 일어나기를 기도한다.

오늘도 세상의 많은 사람들이 참 생수의 근원이신 하나님을 버리고 터진 웅덩이를 판다. 그리고 그것을 의지하다가 더욱 심한 영혼의 목마름으로 인해 고통받는다. 혹시 우리도 그러한 사람들 가운데 하나가 아닌가? 하나님을 믿는다 하는 우리는 왜 영혼의 목마름으로 인해 고통 당하는가? 우리 안에 여전히 세상의 헛된 것들에 대한 탐욕이라는 터진 웅덩이가 있는 것은 아닌가? 그래서 하나님을 믿는다고 하면서도 참된 만족과 기쁨을 경험하지 못하고 있는 것이 아닌가?

오늘도 주님은 우리를 부르신다. "목마른 자들아 내게 오라. 내가 너희에게 영생의 샘물을 주리라." 주님은 자신이 주는 영생의 샘물을 마시는 자가 영원히 목마르지 않을 것이라고 선언하신다. 또한 영생의 샘물이신 보혜사 성령이 우리 안에 오시면 우리 안에서 생수가 솟아날 것이라고 말씀하신다. 아직도 우리 안에 남아 있는 세상의 헛된 것들에 대한 탐욕이라는 터진 웅덩이를 버리고, 참된 생수의 근원이신 하나님께 돌아가자. 주님께서 보내시는 보혜사 성령의 임재를 새롭게 경험할 때, 우리의 영혼은 참된 만족과 기쁨으로 가득 차게 될 것이다. 주님께서 주시는 보혜사 성령의 충만한 임재로 말미암아 날마다 안에서 생수가 솟아나고, 영혼의 참 만족과 기쁨을 누리며 사는 우리 모두가 되기를 기도한다.

영생의 복음

서기관들과 바리새인들이 음행중에 잡힌 여자를 끌고 와서 가운데 세우고 예수께 말하되 선생이여 이 여자가 간음하다가 현장에서 잡혔나이다 모세는 율법에 이러한 여자를 돌로 치라 명하였거니와 선생은 어떻게 말하겠나이까 그들이 이렇게 말함은 고발할 조건을 얻고자 하여 예수를 시험함이러라 예수께서 몸을 굽히사 손가락으로 땅에 쓰시니 그들이 묻기를 마지 아니하는지라 이에 일어나 이르시되 너희 중에 죄 없는 자가 먼저 돌로 치라 하시고 다시 몸을 굽혀 손가락으로 땅에 쓰시니 그들이 이 말씀을 듣고 양심에 가책을 느껴 어른으로 시작하여 젊은이까지 하나씩 하나씩 나가고 오직 예수와 그 가운데 섰는 여자만 남았더라 예수께서 일어나사 여자 외에 아무도 없는 것을 보시고 이르시되 여자여 너를 고발하던 그들이 어디 있느냐 너를 정죄한 자가 없느냐 대답하되 주여 없나이다 예수께서 이르시되 나도 너를 정죄하지 아니하노니 가서 다시는 죄를 범하지 말라 하시니라(요 8:3-11)

치유받은 치유자

매스컴에서 종종 '외상 후 스트레스 장애'(PTSD, post traumatic stress disorder)에 대해 듣는다. 이것은 과거에 화재, 홍수, 지진 등의 재난이나 전쟁 등의 사건을 겪은 사람이 평생 악몽 같은 공포로부터 벗어나지 못하고 고통 받는 정신 질환을 말한다. 예를 들면, 이라크나 아프가니스탄에 파병됐다가 부상당한 병사들이 이 병으로 고통을 당하고 있다고 한다. 또한 교통사고 등을 이유로 이러한 증상을 겪는 경우도 많다.

우리 주변에는 피학대, 실패, 이별, 좌절, 절망 등에 의한 내적 상처 때문에 평생을 고통 받는 사람도 많다. "굿 윌 헌팅"(Good Will Hunting)이란 영화가 있다. 아인슈타인 못지않은 천재적 두뇌를 가진 윌 헌팅이라는 청년에 관한 이야기다. 윌은 MIT에서 학생이 아니라 청소부로 일하는 가난한 청년이지만, 수학 교수도 풀지 못하는 난해한 수학문제를 뛰어난 인지 능력으로 척척 풀어 낸다. 그러나 윌은 심각한 정서적 문제를 가지고 있다. 어려서부터 양아버지에게 학대를 당하고 일찍 고아가 되어 불우하게 성장한 탓에 폐쇄적인 인격을 형성하게 된 것이다. 그는 다른 사람에게 다시 버림받고 상처받을까 봐 철저하게 자기를 방어하며 누구의 마음도 받아들이지 않는다. 심지어 속마음과는 반대로, 사랑하는 여자친구와의 관계도 매몰차게 청산해 버린다.

심리학자인 션 교수는 윌에게 진심 어린 애정과 관심을 보여 주면서 다가가, 그가 쌓아 놓은 마음의 벽을 허물고자 한다. 그러나 윌은 좀처럼 마음을 열지 않는다. 그는 간단한 질문에도 정직하게 답하지 못하고 본심을 위장한 언어를 내뱉으며 션을 공격해 상처를 주고는 한다. 그러나 그는 션 교수의 진심에 점차 감화를 받게 되고, 결국 마음의 문을 연다. 그리고 마침내 그동안 자신이 보인 적대적인 행동들에 대해 션 교수에게 눈물로 사죄한다. 그때 션은 이렇게 말한다. "너의 잘못이 아니야"(It's not your fault). 이 말 한마디로 인해 윌은 자신을 속박하던 과거의 상처로부터 치유함을 받고, 새로운 미래를 향해 출발한다.

누구나 다양한 형태의 상처를 받는다. 또 우리 가운데는 과거에 받은 상처로 인해 지금도 고통받는 사람도 있다. 자신은 과거의 상처로부터 자유롭다고 생각하지만, 실제로는 그 고통 가운데 있는 경우도 많다. 상처를 마주하기가 너무 고통스럽기 때문에 의식의 수면 아래로 억압하고 소외시키지만, 그것은 여전히 무의식의 심층에서 그의 의식과 행동을 지배한다. 많은 사람들은 과거의 상처로 인해 내적으로는 견디기 힘들어 하면서도 겉으로는 태연히 웃으며 살아가는 데 익숙하다.

상처의 종류는 다양하다. 부모의 이혼, 어려서 당한 학대, 지독한 가난으로 인한 생존 불안감, 학업 부진과 입시 실패로 인한 열등감, 사랑하던 사람과의 이별, 사업 실패, 유년기에 당한 성폭력 등의 상처들은 쉽사리 아물지 않은 채로 우리의 내면에 남아있다. 이 때문에 우울증과 같은 정신적 장애에 시달리는 경우가 많다.

기독교인 가운데도 과거의 상처로 고통 당하는 사람이 적지 않다. 정신과 의사인 지인의 말에 의하면, 불신자들보다 오히려 신자들의 치료가 더 어렵다고 한다. 왜냐하면 신자들은 자신의 병을 인정하지 않으려는 경향이 있기 때문이다. 믿음으로 구원받고 신앙생활을 열심히 하는 자신이 우울증 같은 정신 질환에 걸릴 리가 없다는 것이다. 자신에게 문제가 있다는 사실을 인정하지 않는 환자는 치료가 잘 안 된다.

사람은 심신일체적(psycho-somatic) 존재이며, 정신적 장애가 육체적 증상으로 나타나기도 하는데, 신자라고 예외일 수는 없다. 정신적 고통으로 인해 몸의 일부가 마비되거나 견디기 힘든 통증을 느끼기도 한다. 신앙생활을 열심히 하던 한 여성이 정신건강의학과를 찾아왔다. 이 여성은 혀가 마비되는 증세를 겪고 있었다. 최근에 남편과 사별했는데, 수십 년간 남편의 외도와 폭력으로 많은 상처를 입은 여성이었다. 그녀는 하나님을 믿는 믿음으로 남편의 죄를 다 용서했으며, 남편 때문에 괴로워하지 않는다고 말했다. 그러나 의식적으로는 남편을 용서했는지 몰라도, 무의식의 심층에는 여전히 남편으로부터 받은 깊은 상처가 치유되지 않은 채였다. 내면의 상처를 부정하고 믿음으로 용서했다고 생각하는 그녀의 의식이 오히려 상처의 치유를 방해하고 있었다.

과거의 상처를 온전히 치유하지 못하면 새로운 미래로 나아갈 수 없다. 정신분석학의 창시자인 프로이트(Sigmund Freud)는 생애 초기(6세 이전)의 경험들이 성인이 된 이후의 삶에 결정적 영향을 준다고 주장했다. 그에 따르면 어린 시절의 피억압 등의 상처 경험은 무의식 속에 잠재된다. 이것은 인간이 성장한 후에도 과거의 고착(fixation) 지점으로 퇴행(regression)을 반복하게 함으로써 여러 정신적 장애를 일으킨다. 치유 되지 못한 과거의 상처는 무의식의 심층에서 마그마처럼 꿈틀거리다가 때때로 신경증, 우울증, 죄책감, 절망감, 열등감, 적개심 등의 형태로 분출된다.

밭에 거름으로 뿌려진 분뇨가 충분히 숙성되지 않으면 독한 냄새를 풍기고 오히려 농작물을 병들게 하는 것처럼, 과거의 상처가 치유되지 않은 교회 지도자는 사람들의 영혼을 고치기는커녕 오히려 병들게 할 수 있다. "어릴적에는 가난하고 어려웠지만 지금은 하나님의 은혜로 이렇게 큰 교회를 담임하는 성공적인 목회자가 되었다."는 간증의 이면에는 치유받지 못한 상처의 그림자가 드리워 있다. 때로 우리의 신앙 간증은 과거의 상처에 대한 보상심리를 만족시키는 세속적 성공담과 구별되지 않는다. 하나님의 일꾼이 해야 할 진정한 자랑은 목회의 성공이 아니라, 바울처럼 그리스도의 복음 때문에 얼마나 숱한 죽을 고비를 넘기고 많은 시험과 고난을 받았는가여야 한다.

본문은 간음하다 잡혀 온 여인을 용서하신 예수님의 이야기다. 다소의 상상력을 동원해 이 이야기의 행간을 읽어 보자. 어쩌면 이 여인은 다른 사람의 눈을 피해 몸을 팔아 생계를 유지해 왔을지도 모른다. 고대의 가부장적 유대 사회에서 몸을 파는 여인들 가운데는 남편에게 부당하게 이혼당한 여인들도 많았다. 또는 이 여인은 남편에게 부당하게 버림 받아 깊은 상처를 입은 채로 사회에서 가장 소외되고 멸시받던 계층의 한 여인이었는지도 모른다. 서기관과 바리새인들이 그녀를 간음의 현장에서 붙잡아 예수님 앞으로 끌고 왔다. 이상한 것은 함께 현장에 있었을 남자는 어디로 갔는가이다. 이것은 당시의 성차별적 윤리 관념을 잘 보여 준다. 종교지도자들이 여인만 끌고 와서 율법의 이름으로 고발했다는 사실은, 그들이 결코 의롭지 않았다는 사실을 반증한다.

본문은 그들이 이 여인을 예수님 앞에 끌고 온 이유가 "예수를 고발할 조건을 얻고자 하여" 시험하기 위해서였다고 부연한다. 예수님이 이 여인을 율법대로 돌로 쳐 죽이지 말고 용서하라고 말씀하면, 그것은 율법을 부정하는 것이기 때문에 고발당할 빌미를 제공하게 된다. 종교지도자들은 바로 이것을 노렸다는 것이다. 그러나 이 본문의 초점은 예수님이 어떻게 종교지도자들의 시험을 교묘하게 물리쳤는지에 있지 않다. 우리는 예수님이 당시의 가부장적 사회에서 버림 받음이라는 상처를 입고 율법의 정죄로 죽게 된 여인을 어떻게 치유하고 구원하셨는지 보아야 한다.

여인을 끌고 온 종교지도자들이 예수께 묻는다. "율법에 이러한 여자를 돌로 치라 명하였거니와 선생은 어떻게 말하겠나이까?" 예수님이 대답하신다. "너희 중에 죄 없는 자가 먼저 돌로 치라." 이 말씀을 들은 모두가 양심에 찔려 물러가고, 그 여인만 남는다. 예수님이 여인에게 물으신다. "여자여 너를 고발하던 그들이 어디 있느냐? 너를 정죄한 자가 없느냐?" 여인이 대답한다. "주여 없나이다." 예수님이 말씀하신다. "나도 너를 정죄하지 아니하노니 가서 다시는 죄를 범하지 말라."

예수님은 이 여인을 율법대로 정죄하지 않고 사랑으로 용서하셨다. "나도 너를 정죄하지 않는다." 예수님의 이 선언은 여인의 간음을 용서하는 것만을 의미하지 않는다. 여인의 실존 전체에 대한 용납이며 전인적 치유와 구원을 의미한다. 예수님은 말씀하신다. "나는 네가 남편에게 버림 받은 상처를 안다. 네가 몸을 팔며 살 수밖에 없던 그 모든 사정을 안다. 나는 너를 정죄하지 않는다. 나는 네 상처를 고쳐 주겠다. 너를 과거의 모든 속박으로부터 자유케 하겠다."

예수님은 다른 사람들에게도 동일하게 죄 사함을 선언하신 적이 있다. 침상에 누워 예수님 앞에 들려 나온 중풍병자에게(마 9:2), 또한 자기 머리털로 예수님의 발을 닦고 그 발에 향유를 부은 여인에게(눅 7:47) 말씀하셨다. "네 죄사함을 받았느니라." 이는 우리의 죄를 용서할 뿐만 아니라, 우리의 전 존재를 있는 그대로 받아 주신다는 선언이다. 또한 우리의 모든 상처를 치유하고 과거의 모든 부정적 기억과 율법의 속박으로부터 해방하신다는 선언이다. 이 말씀은 우리에게 새로운 미래를 열어 주는 하나님의 사랑의 음성이다. 예수님의 십자가는 이 사랑의 궁극적 현현이다. 예수님의 십자가에 나타난 하나님의 사랑은 우리의 죄와 상처와 고통을 대신 짊어지고 고통당하는 공감적 사랑(compassionate love)이다. 이러한 하나님의 공감적 사랑이 죄와 상처로 고통 받는 우리를 용납하고, 용서하고, 치유하고, 구원한다.

우리는 자신이 예수님 앞에 끌려 나온 여인과 같은 존재라는 사실을 인식해야 한다. 본문에서 우리가 설 수 있는 중립지대는 없다. 결코 구경꾼으로 있다가 슬그머니 사라지는 군중의 한 사람이 될 수 없다는 뜻이다. 예수님 앞에 끌려 나온 여인의 자리에 우리가 서야 한다. 이러한 자의식 없이는 결코 진정한 죄 사함과 치유의 은혜를 경험할 수 없다. 우리는 무의식 깊이 은폐하고 억압해 왔던 과거의 상처, 실패, 열등감, 분노, 좌절, 절망을 그대로 내어놓고 주님의 긍휼과 자비를 구해야 한다. 상처 입고 부서진 마음을 내어놓고 주님의 긍휼과 자비를 구할 때, 우리는 모든 과거의 굴레로부터 우리를 해방하시는 주님의 음성을 들을 수 있다.

하나님은 우리를 온전히 용서하고 치유하실 뿐만 아니라 다른 사람을 용서하고 치료하는 치유자로 부르신다. 하나님의 일꾼이란 하나님의 은혜와 사랑으로 용서받고 치유된 자이며, 다른 사람의 허물을 용서하고 상처를 치료하는 치유자로 부름 받은 사람이다. 하나님께서는 우리의 실패와 상처를 통해 우리를 더 좋은 하나님의 일꾼으로 만드신다. 실패로 인해 좌절하고, 상처로 인해 절망해 본 사람만이 다른 사람의 허물과 상처의 고통을 진정으로 이해할 수 있다. 또한 주님께 용서받고 치유된 사람만이 진정으로 다른 사람을 용서하고 치료할 수 있다. 진정한 용서와 치유는 다른 사람의 상처와 아픔에 동참하는 공감적 사랑 안에서 일어난다. 상처받은 경험은 다른 사람을 치유하는 능력의 원천이다. 뼛속 깊은 상처의 고통을 경험한 사람만이 다른 사람의 상처를 공감적 사랑으로 이해하고 어루만질 수 있다. 지독한 가난으로 고통 받은 사람만이 가난으로 고통 당하는 사람을 진정으로 이해하고 도울 수 있다. 죽음 같은 이별의 상처를 경험한 사람만이 이별의 상처로 고통 당하는 사람을 진정으로 이해하고 위로할 수 있다.

사실상 우리는 과거뿐 아니라 현재에도, 예수님을 믿기 전뿐만 아니라 믿은 후에도 끊임없이 상처를 받는다. 하나님을 믿으면 상처와 고통 없이 살 수 있을 것이라는 생각은 잘못된 것이다. 상처와 고통은 피할 수 없다. 하나님의 자녀로 부르심을 받은 사람으로서, 우리는 날마다 주님께 상처를 치유받고 다른 사람의 상처를 치료하는 삶을 살아야 한다. 헨리 나우웬(Henri Nouwen)의 말을 빌리자면 하나님의 일꾼은 '상처 입은 치유자'이다. 나우웬은 하나님의 일꾼에게 있어서 자기의 상처는 다른 사람에게 생명을 주는 원천이 된다고 말한다. 우리는 상처 입은 환자이며, 동시에 상처를 치료하는 의사인 것이다.

탈무드에 나오는 이야기이다. 랍비 요쉬아 벤 레비가 엘리야를 찾아가 어디서 메시아를 만날 수 있는지 물었다. 엘리야는 메시아가 성문 앞에 앉아 있다고 가르쳐 주었다. 요쉬아는 엘리야가 알려 준 대로 메시아를 찾아갔다. 메시아는 성문 앞에서 가난한 자들과 함께 앉아 있었다. 요쉬아가 메시아에게 물었다. "주님은 언제 오십니까?" 그러자 메시아가 "오늘"이라고 대답했다. 요쉬아는 엘리야에게로 돌아갔다. 엘리야가 그에게 물었다. "그가 당신에게 뭐라고 하던가요?" 요쉬아가 대답했다. "그는 나를 속였습니다. 그는 내게 '오늘 내가 올 것이다'라고 말했는데 오지 않았거든요." 엘리야가 말했다. "그가 당신에게 했던 말은 '너희가 오늘날 그의 음성을 듣기를 원한다면'(시 95 : 7)이었습니다."

오늘도 우리 주님은 성문 앞, 즉 가난하거나 갖가지 상처로 고통

당하는 사람들 가운데 앉아 계신다. 간음하다 붙잡혀 온 여인처럼 세상에서 소외되고 정죄 당하고 온갖 상처로 고통 당하는 사람들과 함께 계신다. 주님은 내일이 아니라 오늘, 모든 상처와 고통이 다 지나간 후가 아니라 그 한가운데에, 다른 곳이 아니라 바로 상처투성이인 우리가 있는 이곳에 계신다. 바로 이곳에서 주님은 "그의 음성을 듣기를 원하는" 자들에게 말씀하신다. "네 죄를 사하였다." 주님은 오늘도 우리의 모든 실패와 상처를 있는 그대로 받아 주시고, 용서하시고, 치유하시며, 우리가 치유받은 치유자로서 다른 사람을 용서하고 그들의 상처를 치유하는 삶을 살 수 있도록 공감적 사랑의 힘을 주신다.

우리에게 말할 수 없는 고통을 주는 그 상처가 바로 하나님께서 나를 통해 새로운 창조를 시작하시는 출발점이 된다. 조개의 상처로부터 진주가 만들어지듯, 하나님께서는 우리의 상처를 통해 새 생명의 역사를 창조해 가신다. 다른 사람의 상처를 치유하는 힘은 예수님의 십자가에 나타난 공감적 사랑의 힘이다. 이 세상에는 죄와 상처로 고통당하는 사람들이 너무 많다. 주위를 둘러보라. 온 세상이 고통으로 신음하고 있지 않은가? 하나님께서는 우리의 상처를 치유하시고, 세상을 치유할 하나님 나라의 일꾼으로 우리를 파송하신다.

예수님은 제자들을 파송하실 때 치유의 능력을 주셨다. "예수께서 그의 열두 제자를 부르사 더러운 귀신을 쫓아내며 모든 병과 모든 약한 것을 고치는 권능을 주시니라"(마 10:1). 하나님께서 우리에게 주시는 가장 큰 치유의 능력은 함께 고통당하는 공감적 사랑이다. 하나님께서는 우리에게 공감적 사랑의 능력을 주셔서, 세상의 상처를 싸매고 고치는 치유자로 세상에 보내신다. 상처 난 가슴을 부여안고 주님 앞에 나아와, 주님의 공감적 사랑 안에서 치유의 은혜를 경험하고 일으킴을 받는 사람만이 그것을 감당할 수 있다. 하나님의 보내심에 믿음으로 응답하고, 온전히 순종하는 우리가 되기를 기도한다.

너희가 내 말에 거하면 참으로 내 제자가 되고 진리를 알지니 진리가 너희를 자유롭게 하리라(요 8:31-32)

진리 안에서의 자유

현대인들이 가장 많이 앓는 마음의 병은 우울증이다. 사회가 복잡해질수록, 그리고 나이가 들수록 우울증 환자가 급증한다. 정신과 의사인 아론 벡(Aron Beck)은 인지치료의 창시자로 널리 알려져 있다. 벡에 따르면 사람이 우울증이나 기타 정신질환에 걸리는 것은 정서적인 문제가 아니라 인지적 문제 때문이라고 한다. 잘못된 인지적 사고 때문에 정신이 병들고 우울증에 걸린다는 것이다. 벡은 우울증의 인지적 원인을 7가지로 들었는데, 그 가운데 하나가 고정관념이다. 고정관념에 사로잡힌 사람은 "이것 아니면 안 된다."라는 집착에 강하게 빠지는데, 현실이 그러한 집착을 충족시켜주지 못할 때 우울증에 빠진다는 것이다. "이것 아니면 안 된다."라는 고정관념은 우리의 정신을 병들게 하고 인생을 불행하게 만든다.

고정관념은 어디서 오는가? 그것은 대체로 우리가 속한 전통과 생활세계(Lebenswelt)에서 온다. 철학자 가다머(Hans Georg Gadamer)는 '영향사'(影響史, the effect of history)라는 개념으로 인간의 역사적 실존을 표현했다. 이 개념은 인간의 이해와 사고 작용이 언제나 선험적인 전통의 영향 안에서 이루어진다는 사실을 말한다. 다시 말해 우리의 이해와 사고 작용은 백지상태(tabula rasa)에서 이루어지는 것이 아니다. 그것은 과거로부터 물려받은 역사적 전통과, 그러한 전통이 축적된 현실의 생활세계로부터 주어진 이해와 사고의 선구조(先構造, pre-structure) 안에서 이루어진다. 이 선구조는 대체로 무의식적 차원에서 작용하기 때문에 우리는 그 안에 살면서도 잘 인식하지 못한다. 우리의 고정관념은 대부분 이 선구조의 틀 안에서 형성된다. 마치 동굴 속 어린 쥐가 처음으로 박쥐를 보고 엄마 쥐에게 "엄마, 저기 천사가 나타났어."라고 하는 것과 같다. 어두운 동굴 안에 사는 쥐의 생활세계에서 박쥐는 천사로 이해되는 것이다. 이처럼 지식사회학의 주요 공헌은 인간의 지식과 관점이 그가 속한 사회적 현실 안에서 형성된다는 사실을 밝혔다는 것이다.

오늘날은 대중적 영향력과 인기가 모든 것을 좌우하는 시대다. 특히 세계적 한류를 불러일으킨 한국 대중문화의 주역 케이팝 아이돌 그룹은 문자 그대로 청소년들의 우상(idol)이다. 그래서 케이팝 춤을 가르치는 학원에 수많은 어린이가 몰려든다. 그러나 한동안 큰 인기를 누리던 아이돌 가수가 얼마 후 인기를 잃자 우울증에 빠져 극단적인 선택을 하기도 한다. SNS(Social Network Service, 사회 관계망 서비스)의 대중적 영향력 역시 막대하며, 유튜브는 그중에서도 엄청나다. 각 분야 유명 강사들의 강연과 목회자들의 설교 영상이 유튜브에 올라온다. 관건은 얼마나 대중의 인기를 얻느냐이고, 그것은 조회 수로 판가름 난다. 대중의 인기를 얻으면 성공이고 그렇지 못하면 실패다. 이렇듯 대중의 인기를 추구하는 세속적 가치관이 현대인의 마음을 지배한다.

우리는 공생애를 시작하신 예수님이 광야에서 마귀에게 세 가지 시험을 받으신 것을 알고 있다. 그것은 돌로 떡을 만드는 것, 높은 곳에서 뛰어내리는 것, 마귀에게 절하여 세상 권력을 얻는 것이었다. 이 세 가지는 각기 물질적 번영, 대중적 인기, 우상화된 권력과 관계된 것으로서, 당시 유대 사회의 대중적 메시아니즘을 대변한다. 예수님은 당시 유대 사회를 지배하던 고정관념, 즉 대중적 메시아니즘을 단호하게 거부하셨다.

오늘날 세속적이고 타락한 세상의 잘못된 고정관념이 교회와 그리스도인들의 사고구조 속에도 깊숙이 들어와 있다. "열심히 노력한 만큼 돈을 벌어 좋은 집을 구입한다."는 자본주의 사회의 논리처럼, 목회자는 열심히 목회해서 교인이 늘면 큰 예배당을 건축한다. 큰 예배당을 필요로 하는 많은 교인 수는 교회의 힘을 상징한다. 교회 지도자들은 목회의 성공과 실패의 척도를 교인의 숫자, 즉 대중성에 의해 결정하는 세속적 고정관념에서 좀처럼 벗어나지 못한다. 교회의 양적 성장이 성공적인 목회의 척도가 되어 버린 것이다. 그러나 초대형화된 교회는 하나님 나라가 아니라 세속적 권력기관과 가까워지기 쉽다.

가뜩이나 힘들고 어려운 시골에서의 목회가 코로나19 대유행 이후 더욱 어려워지고 있다. 젊은이들은 도시로 떠나고 노인들만 남아 있다. 그나마 몇 명 안되는 교인들마저 자꾸 떠나간다. 시골에서의 목회가 힘든 것은 대도시 교회처럼 갖가지 프로그램을 세우고 밤낮없이 일해야 하기 때문이 아니라, 떠나가는 교인을 보고 낙심되는 마음을 달래며 교회를 지키는 일 자체가 힘들기 때문이다. 가만히 있어도 힘든 것이다. 몇 명 안되는 노인들 앞에서 하나님의 말씀을 전하는 일은 수천 명의 교인 앞에서 설교하는 것보다 결코 쉽지 않다. 만일 양적 성장이 목회 성공의 척도라면, 따르던 군중도 하나둘씩 떠나고 신임하던 제자에게 배신당해 죽임을 당한 예수님이야말로 가장 참담한 실패자일 것이다.

바울은 잘못된 고정관념의 근원인 세속적 생활세계를 '세상'이라고 불렀다. 그는 그리스도인들이 세상을 본받지 말아야 한다고 권면한다. "너희는 이 세대(세상)를 본받지 말고 오직 마음을 새롭게 함으로 변화를 받아 하나님의 선하시고 기뻐하시고 온전하신 뜻이 무엇인지 분별하도록 하라"(롬 12:2). 예수님도 그리스도인이 세상에 속하지 않았으며 자신이 세상을 이기셨다고 말씀하셨다. "내가 세상에 속하지 아니함 같이 그들도 세상에 속하지 아니하였사옵나이다"(요 17:16). "세상에서는 너희가 환난을 당하나 담대하라 내가 세상을 이기었노라"(요 16:33). 인간의 행복과 구원은 세상의 세속적 고정관념으로부터 해방되는 데 있다.

불교에서의 구원, 즉 해탈은 모든 고정관념과 집착에서 벗어나 있는 그대로의 실재 자체(眞如, reality as suchness)를 깨달음(覺)에 있다. 석가는 좋고 나쁨, 해로움과 이로움, 깨끗함과 더러움 등에 대한 모든 고정관념은 자기중심적으로 사물을 보기 때문에 생겨나는 망상에 불과하다고 가르쳤다. 이러한 망상에서 벗어나 있는 그대로의 실재 자체를 깨닫는 것이 곧 무아(無我)요 해탈로서 불교가 말하는 구원이다.

예수님이 선포하신 하나님 나라는 세상적인 고정관념으로부터 온전히 자유로운 나라이다. 그분은 당시 유대 사회의 왜곡된 종교적 고정관념을 깨뜨리고, 근본적으로 역전시킴으로써 진정한 구원의 길을 보여 주셨다. 예수님은 하나님 나라가 율법적으로 의로운 사람들의 것이 아니라, 오히려 율법에 의해 죄인으로 정죄된 사람들의 것이라고 선포하셨다. 그분이 들려주신 '바리새인과 세리의 기도 이야기'는 바리새인이 의롭고 세리는 죄인이라는 당시의 고정관념을 뒤집은 것이다. '선한 사마리아인의 이야기' 역시 사마리아인이 악하고 종교지도자들은 선하다는 당시의 고정관념을 전도(轉倒)시킨 것이었다. 오히려 예수님은 불경건한 죄인들이라고 멸시받던 세리와 창기 같은 사람들과 함께 식사하고 교제하셨다. 그러면서 하나님 나라에서는 먼저 된 자가 나중 되고 나중 된 자가 먼저 되며, 섬김을 받는 자가 아니라 섬기는 자가 더 크다고 말씀하셨다. 그런가 하면 예수님은 메시아가 정치적 권세와 무력을 가진 왕으로 올 것이라는 유대 사회의 대중적 기대를 거부하시고, 아무런 힘없이 고통 당하는 십자가의 길을 가셨다. 하나님 나라가 위계라는 세상 질서를 뒤엎는 섬김과 자기희생을 통한 하나님의 통치임을 자신의 삶과 죽음으로 보여 주신 것이었다.

간음 중에 붙잡혀 예수님께 끌려온 여인 이야기(요 8:2-11)에서 예수님은 당시의 율법주의적 윤리관에 대한 근본적인 역전을 보여 주신다. "너희 중에 죄 없는 자가 먼저 돌로 치라."라는 말씀은 정죄하지 말고 사랑으로 감싸며 용서하라는 의미이다. 예수님은 말씀하신다. "나도 너를 정죄하지 아니하노니 가서 다시는 죄를 범치 말라." 이 말씀은 율법주의에 대한 역전을 의미한다. 예수님은 당시 유대교의 율법주의적 고정관념을 거부하시고, 율법의 본래 의미를 사랑의 관점에서 새롭게 해석하셨다. 마태복음 5장에 나오는 여섯 개의 반제(反題)는 이를 잘 보여 주는데 주로 이런 식으로 표현된다. "옛사람에게 말한 바…… 하였다 하는 것을 너희가 들었으나, 나는 너희에게 이르노니……."

올바른 교리는 교회의 신앙과 삶의 규범으로서 매우 중요하다. 교회가 올바른 교리를 확립하지 못했다면 역사 속에서 수많은 이단의 발흥으로 혼란이 극심했을 것이다. 그러나 어떤 교리의 본래 정신과 영성이 망각되고 절대적 진리인 것으로 고정관념화되면 곧 율법주의에 빠지고 만다. 율법주의는 사람에게 멍에를 씌운다. 절대적 진리로 고정관념화된 교리는 사람을 억압한다. 교리는 방편이지 그 자체가 목적이 아니다. 석가가 말했듯 모든 교리는 뗏목과 같아서, 강을 건너가기 위한 방편이지 그 자체가 목적이어서는 안 되는 것이다. 일단 강 건너편에 이르면 뗏목을 버려야 한다. 뭍에 이른 후에도 계속 뗏목을 타고 있다면 어리석은 사람이다. 이런 사람은 사실상 아직 진리의 언덕에 이르지 못한 것이다.

어떤 교리가 정통이라는 이름으로 절대화되면, 사람을 살리기보다 오히려 억압하고 파멸시키는 흉기가 된다. 우리는 이를 교회의 역사 속에서 확인할 수 있다. 정통 교리라는 대심문관의 칼날 아래 수백만 명의 무고한 생명이 이단으로 몰려 처형당했다. 사람을 살려야 할 기독교가 정통 교리 수호라는 명목 아래 사람을 죽이는 종교가 되었다. 한 예로 서구의 가부장적 교회 전통에서 "여자는 육체적 죄의 본성으로 남성을 유혹하여 파멸로 이끄는 요물"이라는 고정관념이 교리화되었는데, 이로 인해 14~17세기 동안 백만여 명의 여성들이 마녀사냥을 당했다.

너대니얼 호손(Nathaniel Hawthorne)의 소설 『주홍글씨』에는 청교도적 사회 규율을 따르지 않는 여성들을 사탄으로 몰아 마구잡이로 죽이는 이야기가 나온다. 소설의 주인공인 헤스터는 남편이 인디언에게 살해당한 직후에 자신이 사랑에 빠진 젊은 목사와 관계를 맺고 아이를 갖게 된다. 이로 인해 당시의 청교도적 고정관념에 사로잡힌 교회 지도자들에게 종교재판을 받고, 가슴에 간음(adultery)을 상징하는 A자 낙인이 찍힌 채 갖은 수모를 당하다가 결국 사형에 처해진다. 그리고 헤스터가 사형을 당할 때, 목사가 가슴을 열고 A자를 내보이면서 "내가 이 아기의 아버지"라고 말하는 것으로 소설이 끝난다. 이 소설은 인간을 억압하는 고정관념이 세상뿐 아니라 종교 전통으로부터도 온다는 사실을 잘 보여 준다. 우리는 자신이 절대적으로 옳다고 여기는 전통과 확신이 혹시 율법주의적 고정관념은 아닌지 돌아봐야 한다. 그리고 그것이 과연 사람을 자유롭게 하고 살리는지, 아니면 억압하고 죽이는지 돌아보고 반성해야 한다. 사람을 억압하고 죽이는 율법주의적 고정관념은 유대교에만 있는 것이 아니라 모든 종파에, 그리고 무엇보다 바로 우리 안에도 있을 수 있음을 기억해야 한다.

잘 알려진 대로 톨스토이는 『전쟁과 평화』, 『안나 까레니나』와 같은 불후의 대작을 쓴 러시아의 문호다. 그러나 그는 회심한 후 대작을 쓰는 일을 그만두고, 기독교의 사상을 담은 조그만 우화 같은 단편을 많이 썼다. 그런데 이러한 단편들이야말로 인생의 소중한 깨달음과 깊은 종교적 통찰력의 결정체들이었다. "세 노인" 역시 그런 작품들 가운데 하나다.

어느 주교가 배를 타고 순례의 길을 가고 있었다. 그런데 거기서 좀 떨어진 곳에 세 노인이 수도하는 작은 섬이 하나 있었다. 주교는 배에 같이 탄 순례자들로부터 그들에 관한 이야기를 듣고 한번 만나고 싶어 했다. 그래서 배를 바다에 머물게 하고 그 섬으로 찾아갔다.

섬에는 다 해지고 찢어진 거적 같은 수도복을 입은 세 노인이 서로 손을 맞잡고 있었다. 주교는 그들에게 어떻게 수도하고 기도하는지 물었다. 백 세가 넘은 제일 나이 많은 노인이 대답했다. "우리는 이렇게 기도드리고 있습니다. 하나님, 당신도 셋, 우리도 셋이오니 우리를 어여삐 여기소서!" 주교는 이 말을 듣고 피식 웃으면서 말했다. "당신들은 삼위일체라는 말을 들은 모양인데, 기도는 그렇게 하는 것이 아닙니다." 주교는 그들에게 성부 성자 성령에 관해 들려주고 기도하는 법도 가르쳤다. 그런데 이 노인들은 주교가 가르치는 기도문을 잘 외우지 못했기 때문에 종일 반복해서 외워야 했다.

어느덧 날이 어두워져서 주교는 다시 배로 돌아왔고, 배는 항해를 다시 시작했다. 주교는 배 뒷전에 앉아서, 사라져 가는 섬을 바라보며, 노인들이 기도문을 알게 되어서 얼마나 기뻐할까 생각했다. 또 그 노인들에게 기도문을 알려 주고 하나님의 말씀을 가르치도록 인도해 주신 하나님께 감사 기도를 했다. 그런데 갑자기 섬 쪽에서 하얗게 반짝이는 것이 보이더니 점점 배를 향해 다가왔다. 주교는 그것이 바로 노인들임을 알아봤다. 흰 수염을 번쩍이는 세 노인이 바다 위를 땅처럼 딛고 달려오면서 배를 세우라고 손을 흔들어 댔다. 그들은 뱃전에 이르러 주교에게 말했다. "하나님의 종이시여, 우리는 당신이 가르쳐 주신 기도문을 열심히 외웠는데, 한 시간쯤 쉬는 동안에 그만 잊어버렸습니다. 다시 우리에게 기도문을 가르쳐 주십시오." 주교는 성호를 긋고 노인들에게 말했다. "하나님의 종이시여,

여러분의 기도는 이미 하늘에 닿았습니다. 당신들을 가르칠 사람은 내가 아닙니다. 오히려 당신들이 죄 많은 우리를 위해 기도해 주십시오." 그러자 노인들은 섬으로 되돌아갔다. 노인들이 사라져 간 쪽에서는 한 줄기 빛이 새벽까지 빛났다.

예수님은 말씀하셨다. "너희가 내 말에 거하면 참으로 내 제자가 되고 진리를 알지니 진리가 너희를 자유롭게 하리라"(요 8 : 31-32). 예수 그리스도의 진리는 우리를 이 세상의 모든 고정관념과 율법주의적 교리로부터 자유케 한다. 우리 모두 예수님의 말씀 안에 거함으로써 예수님의 참 제자가 되어, 진리 안에서 참 자유를 누리기를 간절히 소망한다.

영생의
복음

내가 온 것은 양으로 생명을 얻게 하고 더 풍성히 얻게 하려는 것이라(요 10 : 10)

생명의 복음

생명의 복음(Evangelium Vitae)은 예수님이 선포하신 하나님 나라 복음의 핵심이며, 또한 교회가 선포해야 할 구원의 복음의 핵심이다. 요한복음은 예수님 안에 생명이 있다고 증언한다. "그 안에 생명이 있었으니 이 생명은 사람들의 빛이라"(요 1 : 4). 예수님은 우리에게 풍성한 생명을 주기 위해 오셨다. "내가 온 것은 양으로 생명을 얻게 하고 더 풍성히 얻게 하려는 것이라"(요 10 : 10). 예수님이 선포하신 하나님 나라는 모든 생명이 온전하게 회복되고 완성되는 나라다.

온전한 생명을 누리기 위해서는 먼저 생명에 대해 온전히 이해해야 한다. 온전한 생명은 육체적 차원과 영적 차원, 개인적 차원과 공동체적 차원, 현세적 차원과 내세적 차원을 포괄한다. 성서에서 생명은 두 가지 단어로 표현된다. 하나는 '비오스'(βίος)이며 다른 하나는 '조에'(ζωή)다. 비오스는 자연적이고 생물학적인 생명으로서 건강, 물질, 생식능력, 힘 등과 연관된다. 반면에 조에는 생명의 본질이다. 요한복음은 참 생명을 '조에 아이오니오스'(ζωή αἰώνιος), 즉 영원한 생명(영생)으로 표현한다.

영생은 시간적 영원성과 공간적 우주성, 그리고 질적인 신성을 지닌다. 요한복음에 따르면 영생은 하나님의 아들 예수 그리스도를 믿음으로써 얻을 수 있다. 인간의 구원은 궁극적으로 영원한 생명인 조에의 차원에서 완성된다. 하지만 구원은 비오스의 차원을 폐기하거나 부정하지 않으며, 오히려 그것을 온전한 구원의 필수 요소로 요구한다. 즉, 온전한 생명은 육체적 생명과 영적 생명의 합일로 이루어진다.

구약성서는 생명의 존엄성을 강조하는데, 그 중요한 특징은 시내산 계약의 규정에서 발견된다(출 21:28 이하). 먼저 시내산 율법은 고아, 과부, 이방 나그네 등 약자들의 권리를 보호하는 규정들(출 22:21-27, 23:10-11, 신 14:28-29, 24:19-22 등)과 종들 및 힘없고 가난한 자들을 보살피라는 규정들(신 16:9-14)을 포함한다. 또한 7년마다 돌아오는 안식년에는 가난한 자들의 빚을 탕감하고 종들을 해방하도록 규정하며(신 15:1-3, 출 21:2-6), 50년마다 돌아오는 희년에는 땅과 가옥과 신분을 원상 복귀시키도록(레 25장) 규정한다. 아울러 시내산 율법은 인간 공동체를 위한 규정들뿐만 아니라 자연과의 조화를 위한 규정들도 포함한다. 안식일에는 가축들도 쉬게 해야 하며(출 20:10, 23:12, 신 5:14), 안식년이나 희년에는 땅을 쉬게 하고, 그 땅의 자연적 소출을 가난한 사람과 짐승들을 위해 내버려 두어야 한다(출 23 : 10-11, 레 25 : 2-7).

예수님은 사람의 생명이 천하보다 귀하다고 말씀하셨다. "사람이 만일 온 천하를 얻고도 제 목숨과 잃으면 무엇이 유익하리요 사람이 무엇을 주고 제 목숨과 바꾸겠느냐"(마 16 : 26). 사람의 생명을 무엇보다 귀하게 여기는 예수님의 모습은 안식일에 손 마른 자의 병을 고치신 사건(마 12 : 1-13)에 잘 나타난다. 예수님은 사람이 안식일을 위해 있는 것이 아니라 안식일이 사람을 위해 있음을 강조하셨다(막 2 : 23-27). 예수님은 인간의 생명을 사랑하시는 하나님의 마음이 율법의 본질이라고 이해하셨다. '한 마리의 잃어버린 양 비유'(눅 15 : 4-7)는 하나님께서 한 생명을 얼마나 귀하게 여기시는지를 잘 보여준다. 예수님은 인간의 생명에 육신의 차원만이 아니라 그 이상의 차원, 즉 영적 차원이 있음을 말씀하셨다. "무릇 자기 목숨을 보전하고자 하는 자는 잃을 것이요 잃는 자는 살리리라(눅 17 : 33)"는 예수님의 말씀은 자기중심적인 태도를 버리고 하나님의 뜻을 위해 육신적 생명을 버릴 때 영원한 영적 생명이 주어짐을 가르친다.

사도 바울은 생명을 기독론적으로 정의한다. 그에게 있어서 예수님은 생명을 가져다주시는 분이다. "아담 안에서 모든 사람이 죽은 것 같이 그리스도 안에서 모든 사람이 삶(생명)을 얻으리라"(고전 15 : 22). 바울은 첫 아담이 육신의 생명을 가져다주는 '산 영'인 반면, 마지막 아담이신 예수 그리스도는 영원한 생명을 가져다주시는 '살려 주는 영'이라고 말한다. "기록된 바 첫 사람 아담은 생령이 되었다 함과 같이 마지막 아담은 살려 주는 영이 되었나니”(고전 15:45). 구원과 새 생명은 예수님의 십자가를 통한 대속적 희생, 그리고 이를 믿음에 의한 죄 용서(롬 3:25)와 의롭게 됨(롬 3:23-24)을 통해 주어진다는 것이다.

바울은 또한 생명을 성령과 연관시킨다. 그는 “그리스도 예수 안에 있는 생명의 성령의 법이 죄와 사망의 법에서 너(예수님 안에 있는 자)를 해방”(롬 8:2)했다고 선언한다. 그는 육체와 성령을 대조시키며 “자기의 육체를 위하여 심는 자는 육체로부터 썩어질 것을 거두고 성령을 위하여 심는 자는 성령으로부터 영생을 거두리라”(갈 6:8)고 말한다. 성령은 아담이 잃어버린 인간의 본래적 생명을 회복시키고 영생으로 인도하는 하나님의 영이자, 예수 그리스도의 영이라고 말하는 것이다.

앞서 말했듯 요한복음에서 구원의 실재를 의미하는 생명은 ‘조에’이다. 이것은 일시적이고 생물학적인 의미의 ‘비오스’와 대조되는 영원한 생명, 즉 영생을 의미한다. 요한복음에 따르면 하나님의 아들이신 예수 그리스도 안에 생명이 있다(요 1:4). 예수 그리스도는 ‘영생의 물’이며(요 4:10), ‘생명의 떡’(요 6:35, 48)이며, ‘길이요 진리요 생명’이다(요 14:6). 그러므로 아들을 믿는 자는 영생을 얻는다(요 3:36). 즉, 영생은 예수 그리스도를 믿음으로 말미암아 주어진다. “영생은 곧 유일하신 참 하나님과 그가 보내신 자 예수 그리스도를 아는 것”(요 17:3)이다. 요한복음에서 영생은 단지 미래에 이루어질 약속이 아니라 예수 그리스도를 믿는 자에게 현재적으로 주어지는 것이다. "내 말을 듣고 또 나 보내신 이를 믿는 자는 영생을 얻었고 심판에 이르지 아니하나니 사망에서 생명으로 옮겼느니라"(요 5:24). 영생의 구원과 죽음의 심판은 이미 현재적 사건이며, 종말론적 미래를 결정한다.

이 세상은 반생명적인 사탄의 권세 아래 있다. 오늘날 인류는 전쟁과 폭력이라는 죽임의 문화로 고통당하고 있다. 지난 20세기는 한마디로 전쟁의 시기였다. 1, 2차 세계대전 중에 죽거나 실종된 57개 참전국의 군인 수는 1천5백만여 명에 이른다. 민간인 희생자와 실종자의 수를 고려하면 그 피해는 훨씬 크다. 일본에 떨어진 핵폭탄은 수만 명의 목숨을 한순간에 앗아갔으며, 방사능 오염의 심각한 후유증을 남겼다. 전 세계는 전쟁으로 인해 사회 · 경제적으로 폐허가 되었을 뿐만 아니라, 인간의 육체와 정신이 황폐화되고 불안과 절망과 허무 의식이 팽배했다. 제2차 세계대전 이후에도 전쟁과 각종 지역 분쟁은 끊임없이 계속되고 있다. 1945년 이후에도 제3세계에서는 1천 명 이상의 사망자가 발생한 전쟁이 120회 이상 일어났다. 6 · 25 전쟁 이후 지난 반 세기 동안 분단된 한반도에는 군사적 대결과 경쟁이 고조되고 있다. 또한 기술공학의 발달로 핵 · 화학 · 생물학 무기 등 인간과 자연을 대량으로 멸절시킬 수 있는 무기들이 개발되었다. 미국의 이라크 공격에서 보듯 자동 제어 프로그램에 의해 목표물을 정확히 파괴하는 첨단 무기는 마치 컴퓨터 게임을 하듯 전쟁을 수행하기까지 한다.

이 땅의 온전한 생명 회복과 구원을 위해서는 무엇보다 이러한 전쟁과 폭력의 문화로부터 평화의 문화로 전환이 필요하다. 어니 레거(Ernie Regehr)는 『군국주의와 세계군사질서』에서 이렇게 촉구했다. "현재의 가격으로 세계의 (무기) 개발 계획 예산의 10%인 420억 달러를 '칼을 쟁기로' 만드는 데 사용한다고 하자. 이 목표가 달성된다면, 20세기 말이면 지구는 전혀 다른 세상이 될 것이다. 이 전환은 맑은 공기와 물을 가져다줄 것이다. 세금 부담은 경감될 것이며 일자리와 식량은 많아지고 물가 상승은 낮아질 것이다. 부드러운 에너지 자원이 개발될 것이고 더 나은 건강과 교육을 누리게 될 것이며, 깊은 동료의식이 긴장과 증오 대신에 자리 잡을 수 있을 것이다."

전쟁으로부터 평화로, 상극적 죽임의 문화로부터 상생적 살림의 문화로의 전환은 인류가 온전한 생명과 삶을 누리는 데 절박한 과제다. 간디는 말했다. "평화에 이르는 길은 없다. 평화가 길이다." 평화가 이 땅에서 온전한 생명에 이르는 길이다. 특히 한반도는 세계 어느 지역보다도 첨예한 군사적 대결이 계속되는 지역이다. 북한의 핵 보유 선언과 거듭되는 장거리 미사일 발사 시험은 한반도뿐만 아니라 동북아시아 전체를 핵 확산과 군사적 충돌의 국면으로 몰아 가고 있다. 또한 북한의 인권은 세계 최악 수준이다. 북한의 정치범 수용소에서는 해마다 150~200여 명이 공개 처형된다고 한다. 이곳에는 반혁명분자 등 정치범으로 분류된 당사자와 가족 등 20만여 명이 수용되어 하루에 옥수수 550g과 소금으로 연명하고 있다. 이러한 상황 속에서 한국 교회는 전쟁과 폭력으로 대표되는 죽임의 문화에 저항해야 하며, 한반도를 비핵화하고 군사적 대결 구도를 종식시키기 위해 힘과 지혜를 모아야 한다. 아울러 북한의 인권 회복을 위한 노력을 배가하고, 이 땅에 생명의 문화를 구현하며, 평화 통일을 앞당기는 일에 앞장서야 한다.

오늘날 인간의 생명이 전쟁과 폭력으로 고통받고 있을 뿐 아니라 지구 생태계가 개발과 오염으로 고통 당하고 있다. 바울의 말대로 "피조물이 다 이제까지 함께 탄식하며 함께 고통을 겪고 있는"(롬 8:22) 상황이다. 생태계란 "생물이 물과 공기 그리고 토양을 근거로 영양분을 섭취하고 물리적 환경에 적응하며 살아가는 생명 유지 체계"를 말한다. 생명체는 서로 의존하며 생태계를 이룬다. 식물은 탄소동화작용으로 태양에게 받은 에너지를 축적하고, 동물은 이 식물을 먹으며 살아가고, 미생물은 동식물의 배설물이나 사체를 분해함으로써 살아간다. 이로써 순환적인 먹이사슬에 의해 하나의 커다란 생명공동체의 관계 그물망(a web of relationships)이 형성된다.

그런데 이러한 생태계가 인간의 탐욕 때문에 파괴됨으로 말미암아 모든 생명체가 위협을 받고 있다. 모든 생명체가 생존하기 위한 근본 조건인 공기와 물과 흙이 오염된 것이다. 대기는 황사와 미세먼지로 뒤덮인 지 이미 오래되었다. 생활 하수, 산업 폐수, 농촌 오

수로 하천뿐 아니라 지하수와 해양수도 오염되고 있다. 생활 쓰레기, 산업 쓰레기, 농약 등에 함유된 중금속과 유해 화학물질이 흙을 오염시키고, 흙 속의 미생물을 죽여 토양 생태계를 파괴하고 있다. 이러한 총체적인 생태계의 파괴로 인해 일 년에 약 4~5만 종의 생물이 멸종되고 있으며, 30년 이내에 전체 생물종의 20%가 멸종될 것으로 보는 관측도 있다. 하나의 생명공동체이며 유기체인 생태계에서 다른 생물종의 위기는 곧 인류의 생존 위기를 의미한다. 토마스 프리드먼(Thomas L. Friedman)은 오늘날 코로나19와 같이 인류의 생존을 위협하는 팬데믹(pandemic, 전 세계적 대유행)이 발생하는 까닭은 세계화가 진행되는 과정에서 환경 다양성을 보장하고 상처의 회복력을 담보할 수 있는 완충지대를 없애면서 발생한 생태계 혼란 때문이라고 지적했다.

오늘날의 생태계의 위기와 팬데믹이라는 상황 속에서 우리는 사고를 생태학적으로 전환해야 한다. 생태학적 사고란 자연을 살아 있는 실재로 보며, 모든 사물과 현상이 근본적으로 상호 의존하고 있음을 깨닫고, 인간과 자연을 공존 · 공생의 관계로 보는 세계관을 가리킨다. 독일의 녹색당은 이러한 생태학적 사고를 '관계망 사고'(network thinking)로 이름 짓는다. 관계망 사고란 세계를 관계와 통합의 관점으로 보는 것이다. 다시 말하면, 가장 작은 박테리아로부터 광범위한 종류의 동식물, 그리고 인간에 이르기까지 모든 유기체를 통합된 전체이며 하나의 살아 있는 시스템으로 파악하는 것이다.

이 시스템 안에서 각 요소들은 상호 적응하며 서로 의존한다. 전체로서의 시스템은 각 부분들의 단순한 총합 이상으로, 그 자체가 하나의 유기체를 이룬다. 인간이 이 중 한 부분을 파괴한다면, 결국 그 부분과 유기체적인 관계에 있는 다른 부분들뿐만 아니라 궁극적으로는 전체 시스템을 파괴하는 것이며, 따라서 인간 자신도 파멸에 이르고 만다. 그러므로 한국 교회는 성서적 창조신앙과 생태학적 사고에 기초한 생명신학을 정립해야 한다. 자연 파괴와 생태계 위기로 인한 전 지구적인 재앙과 파멸의 징조를 심각하게 인식하고, 공생과 순환이라는 생명의 질서를 회복함으로써 파괴된 창조세계를 복원하는 일에 앞장서야 한다.

모든 생명은 하나님에 의해 창조되었다. 창조주 하나님은 모든 생명의 주인이시다. 모든 생명은 하나님에게서 나오며 하나님께로 돌아간다. 이 사실은 세 가지 중요한 의미를 내포한다. 첫째, 모든 생명은 피조물로서 창조주 하나님의 영광을 위해 존재한다. 둘째, 하나님 안에서 모든 생명은 다른 모든 피조물과 하나의 유기체적 생명공동체를 이루고 있다. 셋째, 하나님과의 관계가 왜곡되고 단절되는 것은 곧 생명의 왜곡과 죽음을 의미하며, 다른 피조물과의 관계 왜곡과 단절까지 초래한다.

성서가 증언하는 하나님 형상의 본질은 관계성에 있다. 즉, 하나님의 형상인 인간은 하나님과의 인격적 관계와 이에 기초한 타자와의 관계 안에 존재한다. 관계성으로서의 하나님 형상은 자기중심적이고 인간 중심적인 반생태학적 인간론과 대립된다. 개인의 생명은 다른 사람 및 사회 전체의 생명과 연결되어 있으며, 인간의 생명은 다른 생명체들과 서로 연결되어 있다. 모든 생명이 상호 의존하는 전 지구적 생명공동체 안에서 타자의 생명을 파괴하는 것은 곧 자기 생명의 손실을 의미하며, 자연의 파괴는 곧 인간 스스로의 생명을 위기에 빠뜨린다. 사회정의와 생태정의는 밀접하게 연결되어 있다. 교회는 생명의 근원이신 하나님에 의해 창조된 지구 생명공동체 안에서 유기체적이고 순환적인 관계성이라는 세계관을 정립해야 한다.

이와 같은 관계성의 세계관 안에서, 교회의 선교는 전쟁과 폭력, 생태계의 파괴와 같은 반생명적 현실을 변혁시켜 이 땅에 하나님 나라의 평화와 풍성한 생명을 구현하는 것이어야 한다. 또한 이 땅에 하나님의 사랑과 정의의 통치를 구현함으로써 지구 생명공동체에 풍성한 생명을 가져오는 것을 목적으로 해야 한다. 이것이 '삼위일체 하나님의 선교'(Missio Dei Trinitatis)의 목적이다. 아버지 하나님이 아들과 성령을 이 세상에 보내심으로써 이 세상에 풍성한 생명을 주셨고, 주고 계시며, 주실 것이다. 예수님은 우리에게 새 생명을 주기 위해서 십자가에 달려 돌아가셨으며, 죽은 자 가운데에서 다시 사심으로써 죽음의 권세를 멸하시고 부활의 첫 열매가 되셨다. "내가 살아 있고 너희도 살아 있겠음이라"(요 14 : 19). 하나님의 영은 예수님 안에서 생명의 능력으로 역사하였으며, 부활의 능력으로 예수님을 죽음에서 일으키셨다. 성령은 하나님으로부터 예수님에 의해 세상에 보내심을 받은 생명의 영으로서, 죽음의 권세 아래 있는 이 세상에 풍성하고 온전한 생명을 가져오신다.

그러므로 성령의 능력 안에 있는 교회의 선교는 생명의 선교가 되어야 한다. 교회의 선교는 단지 개종을 결단하라고 요청하는 것이 아니라, 죽음의 문화에 대항해 생명 문화를 구현하고, 죽어 가는 자들을 살리는 생명 운동이 되어야 한다. 단지 기독교 세계(Christendom)와 교회를 확장하는 것이 아니라, 만물을 새롭게 창조하시는 하나님의 미래로 초대하는 것이어야 한다. "보라 내가 만물을 새롭게 하노라"(계 21 : 5). 따라서 선교는 예배당 건물이나 예전적 의식, 기독교 국가 체제가 아니라, 폭력과 죽음이 생명을 위협하는 곳, 삶의 용기가 상실되고 위축된 모든 곳에서 시작되어야 한다.

생명의 영이신 성령의 능력은 이생의 삶을 총체적으로 변화시킨다. 생명의 영이신 성령의 능력 안에서 "이 썩을 것이 반드시 썩지 아니할 것을 입겠고 이 죽을 것이 죽지 아니함을 입"(고전 15 : 53)을 것이다. 이 생명의 선교를 위해서, 교회는 전쟁과 폭력과 죽음의 세력에 저항하고, 애통하는 자를 위로하며, 병든 자를 고치고, 나그네를 영접하며, 죄인들을 용서하고, 위협받는 인간 사회와 자연 생태계의 모든 생명을 살려 내는 일에 날마다 헌신해야 한다.

내가 온 것은 양으로 생명을 얻게 하고 더 풍성히 얻게 하려는 것이라 나는 선한 목자라 선한 목자는 양들을 위하여 목숨을 버리거니와 삯꾼은 목자가 아니요 양도 제 양이 아니라 이리가 오는 것을 보면 양을 버리고 달아나나니 이리가 양을 물어 가고 또 헤치느니라 달아나는 것은 그가 삯꾼인 까닭에 양을 돌보지 아니함이나 나는 선한 목자라 나는 내 양을 알고 양도 나를 아는 것이 아버지께서 나를 아시고 내가 아버지를 아는 것 같으니 나는 양을 위하여 목숨을 버리노라 또 이 우리에 들지 아니한 다른 양들이 내게 있어 내가 인도하여야 할 터이니 그들도 내 음성을 듣고 한 무리가 되어 한 목자에게 있으리라…… 내 양은 내 음성을 들으며 나는 그들을 알며 그들은 나를 따르느니라 내가 그들에게 영생을 주노니 영원히 멸망하지 아니할 것이요 또 그들을 내 손에서 빼앗을 자가 없느니라(요 10 : 10-16, 27-28).

본문에서 예수님은 자기와 그리스도인의 관계를 목자와 양으로 비유하신다. 예수님이 비유로 말씀하시는 목적은 복음의 진리를 누구나 이해할 수 있게 하기 위해서다. 복음의 진리는 인간의 이성으로 이해하기 어려운 하늘의 신비를 담고 있다. 예수님은 이 복음의 진리를 어려운 철학 용어나 개념이 아니라 일상과 자연에서 보고 경험할 수 있는 소재로 알기 쉽게 비유하신다.

본문에서는 예수님이 자신을 선한 목자로 비유하시는데, 바로 앞 부분에서는 양의 문으로 비유하셨다. 그러나 이 두 비유는 서로 다르지 않다. 고대 이스라엘 사람들이 양을 치는 모습은 두 가지였다. 하나는 목자의 집 근처에 양 우리가 있는 경우로, 목자는 저녁에 집으로 양을 몰고 와서 양들이 우리에서 밤을 나게 한다. 다른 하나는 목자가 목초지를 따라 이동하는 경우다. 이 경우에는 양 우리가 따로 없으므로 들판에 양을 모아 놓고 밤을 지내야 한다(예수님이 태어나신 밤에 들에서 양 떼를 지키던 목자들에게 하늘의 영광이 나타난 이야기가 누가복음 2장에 기록되어 있다). 들에서는 양의 우리가 없기 때문에 목자가 바로 양의 문이 된다. 양들은 문인 목자를 통해 들어가고 나가야 보호를 받고 안전하다. 그러므로 목자와 양의 비유에서 예수님은 목자이면서 동시에 양의 문이 되신다.

본문에서 예수님은 자신을 선한 목자라고 칭하신다. 어떤 의미에서 그렇게 말씀하시는가? 선한 목자의 특징은 대략 세 가지이다. 첫째, 예수님은 자신의 양을 잘 아시기 때문에 선한 목자다. 예수님은 말씀한다. "나는 내 양을 알고 양도 나를 아는 것이 아버지께서 나를 아시고 내가 아버지를 아는 것 같으니"(요 10:14-15). 선한 목자는 자기 양을 잘 알고 양도 목자를 잘 안다. 구약성서에서 앎을 의미하는 히브리어 '야다'(yada)는 단지 초연한 입장에서 객관적 지식으로 안다는 의미가 아니라 (성적인 관계를 포함하는) 매우 친밀하고 인격적인 관계를 의미한다. 양이 목자를 안다는 것은 목자의 음성을 분별하고, 목자를 믿으며 따른다는 말이다. 목자를 아는 양은 목자를 믿고 의지하며 따라간다. 마찬가지로 우리가 예수님을 안다는 것은 예수님이 하나님이 보내신 분임을 믿고, 예수님과의 친밀한 인격적 관계 안에서 예수님의 뒤를 따라간다는 것이다. 따라서 앎과 믿음과 실천은 분리되지 않는다.

양이 목자를 아는 것보다 목자는 양을 더욱 잘 안다. 목자는 양 한 마리 한 마리를 유심히 돌본다. 각각에게 이름이나 별명을 붙이고, 각자의 특징을 기억하며 구별해 낸다. 많은 수의 양 무리를 돌보더라도 한 마리 한 마리의 성격과 기질과 상태를 정확하게 파악한다. 하나님의 사랑도 이와 마찬가지이다. 하나님은 온 인류를 사랑하시며, 한 사람 한 사람의 영혼에 특별한 관심을 가지고 사랑하신다. 예수님은 양 한 마리를 잃은 목자가 우리에 아흔아홉 마리를 두고, 잃어버린 한 마리를 찾으러 온 산과 들을 헤매는 비유를 들려주셨다. 이 비유는 양 한 마리 한 마리에게 관심을 가지고 사랑하는 선한 목자를 잘 보여 준다. 오늘도 하나님은 우리 한 사람 한 사람의 사정과 형편을 구체적으로 아시고, 우리의 이름을 개별적으로 부르신다. 그리고 "아무개야, 너는 지금 어디에 있는 것이냐? 너의 문제가 무엇인지 알고 있다. 내게 네 문제를 내어놓아라. 그러면 내가 너를 도와주겠다."라고 말씀하신다.

선한 목자의 두 번째 특징은 앞서서 인도하는 것이다. 목자는 양들을 불러 모은 다음 자기가 앞장서서 인도한다. 양들은 그 뒤를 따라간다. 사나운 맹수가 나타나면 목자가 앞에서 책임을 지고 싸워 물리친다. 구약성서에는 다윗이 목동 시절에 사자와 싸워 이겼다는 이야기가 나온다. 양들은 목자의 뒤만 따라가면 안전하다. 그렇다면 목자는 양을 어디로 인도하는가? 목자는 양을 푸른 풀밭으로, 쉴 만한 물가로 인도한다. 다윗은 시편 23편에서 이렇게 노래했다. "여호와는 나의 목자시니 내게 부족함이 없으리로다 그가 나를 푸른 풀밭에 누이시며 쉴 만한 물가로 인도하시는도다"(시 23 : 1-2). 선한 목자 되신 주님께서 나와 함께하시고, 내 앞에서 나를 지켜 주시고, 가장 좋은 길로 인도하실 줄 믿기 때문에 우리는 안심하고 주님을 따라갈 수 있다.

목자는 양 무리를 가장 좋은 곳, 푸른 풀밭과 쉴 만한 물가로 인도할 것이다. 그러나 그곳에 가기 위해 때로 깊은 골짜기와 험한 비탈도 지나가야 한다. 그렇지만 양들은 조금도 두려워할 필요가 없다. 다윗은 시편에서 이렇게 노래했다. "내가 사망의 음침한 골짜기로 다닐지라도 해를 두려워하지 않을 것은 주께서 나와 함께 하심이라 주의 지팡이와 막대기가 나를 안위하시나이다"(시 23:4). 우리는 때로 '사망의 음침한 골짜기' 같은 인생의 행로를 지난다. 그러나 선한 목자 되신 주님께서 나와 함께하시고 나를 지키실 것을 믿기에, 어떠한 역경 가운데서도 두려움 없이 나아갈 수 있다.

선한 목자의 세 번째 특징은 자기 양을 구하기 위해 기꺼이 목숨을 버린다는 것이다. 본문에서 예수님은 말씀하신다. "나는 양을 위하여 목숨을 버리노라"(요 10:15). 예수님은 삯꾼과 목자를 구별하신다. "나는 선한 목자라 선한 목자는 양들을 위하여 목숨을 버리거니와 삯꾼은 목자가 아니요 양도 제 양이 아니라 이리가 오는 것을 보면 양을 버리고 달아나나니 이리가 양을 물어 가고 또 헤치느니라"(요 10:11-12). 여기서 삯꾼은 예수님을 미워하고 핍박하는 바리새인 같은 유대 지도자들을 가리킨다. 삯꾼에게 양은 제 것이 아니다. 따라서 삯꾼에게는 주인의식이 없다. 보수를 받는 만큼만 책임질 뿐이다. 그러므로 그는 이리가 오면 양을 버리고 도망친다. 양을 위해 결코 자기 목숨을 내어놓지 않는 것이다. 그러나 선한 목자이신 예수님은 자기 양을 살리기 위해 자기 목숨을 내어놓으신다.

선한 목자이신 예수님은 자신의 음성을 듣고 따르는 우리에게 영생을 주겠다고 말씀하신다. "내 양은 내 음성을 들으며 나는 그들을 알며 그들은 나를 따르느니라 내가 그들에게 영생을 주노니 영원히 멸망하지 아니할 것이요 또 그들을 내 손에서 빼앗을 자가 없느니라"(요 10 : 27-28). 그런데 어떻게 예수님이 우리에게 영생을 주실 수 있다는 것인가? 예수님은 자신이 하나님과 하나이기 때문에 그렇게 하실 수 있다고 말씀한다. "나와 아버지는 하나이니라"(요 10 : 30). 예수님이 하나님과 하나이기 때문에, 예수님을 아는 것은 곧 하나님을 아는 것이다. 그리고 예수님을 아는 것, 곧 하나님을 아는 지식이 영생을 가져온다. 그러므로 요한은 말한다. "영생은 곧 유일하신 참 하나님과 그가 보내신 자 예수 그리스도를 아는 것이니이다"(요 17 : 3).

그러면 예수님이 아버지 하나님과 하나라는 것은 과연 무슨 의미인가? 그리고 예수님은 어떻게 하나님과 하나가 되시는가? 일반적으로 사람들은 요한복음이 예수님의 영원한 신성을 전제하고 쓰였다고 생각한다. 신학 용어로는 요한복음의 기독론을 '선재적 고기독론'(the high Christology of preexistence)이라고 한다. 요한복음 1장에 나타나는 말씀(로고스)의 영원성과 성육신 사상은 이를 잘 보여 준다. 그러나 우리는 예수님의 영원한 신성에 대한 믿음과 성육신 사상이 지상에서 보이신 그분에 대한 제자들의 경험에 기초해 형성되었음을 기억해야 한다.

예수님이 하나님과 하나인 것은 아버지이신 하나님의 뜻에 죽기까지 순종하셨기 때문이다. 예수님은 자기 비움과 겸비의 삶과 십자가의 죽음 안에서 하나님과 하나가 되셨다. 십자가는 자기 아들을 우리를 위해 내어 주시는 아버지 하나님과, 그분의 뜻에 죽기까지 순종하신 예수님이 하나가 되신 사건이다. 예수님은 십자가에 달려 죽기까지 아버지 하나님께 순종하심으로써 아버지 하나님과 하나가 되셨으며, 하나님의 아들로 높이 들리셨다. 가장 이른 시기의 사도적 증언인 베드로의 설교는 이 사실을 잘 보여 준다. "너희가 십자가에 못 박은 이 예수를 하나님이 주와 그리스도가 되게 하셨느니라"(행 3:36).

물론 초기 그리스도인이 예수님의 신성을 믿음에 있어서 부활하신 예수님을 만난 경험은 매우 중요했다. 그러나 공관복음과 구별되는 요한복음의 특징은 부활만이 아니라 십자가 자체를 (고통스러운 비극적 사건이 아닌) 예수님이 높이 들린 영광의 사건으로 증언한다는 것이다. 예수님이 자기 비움과 겸비의 삶과 십자가 죽음 안에서 하나님과 하나가 되셨으며, 하나님의 영광스러운 아들로 높이 들리셨다는 것이 요한복음의 증언이다. 만일 우리가 인간 예수의 자기 비움과 겸비의 삶과 십자가 죽음 안에서 그분이 하나님과 하나가 되시며 그분 안에 하나님의 영광이 현존함을 보지 못한다면, 우리의 믿음은 화석화된 교리에 대한 맹신이거나 구원의 욕구가 투사된 환상일 뿐이다.

선한 목자이신 예수님은 양들을 위해 자기를 희생하심으로써, 하나님의 뜻에 순종해 십자가에서 자기 생명을 내어주심으로써, 그리하여 하나님과 하나가 됨으로써, 우리에게 하나님의 영원한 생명을 주신다. 그러나 종교지도자들과 유대인들은 그분을 거부하고 배척했다. 그들은 예수님의 양이 아니었을 뿐만 아니라, 오히려 선한 목자 예수님을 십자가에 못 박는 강도였다. 그러나 목자의 양은 목자를 알고 믿고 따른다. 그리스도인은 예수님이 선한 목자이심을 알고 믿고 따르는 사람들이다. 나는 찬송가 569장 "선한 목자 되신 우리 주"를 어릴 적에 주일학교에서 즐겨 부르곤 했다. "선한 목자 되신 우리 주 항상 인도하시고 푸른 풀밭 좋은 곳에서 우리 먹여 주소서. 선한 목자 구세주여 항상 인도하소서. 선한 목자 구세주여 항상 인도하소서."

그리스도인은 선한 목자 되신 예수님이 생명의 길로 인도해 주실 것을 믿고 예수님을 따라가는 양들이다. 그러나 과연 우리는 예수님의 음성을 올바로 듣고 따라가는 양들인가? 목자를 떠나 마음대로 가다가 길을 잃고 방황하지는 않는가? 그러다가 "기가 막힐 웅덩이와 수렁"(시 40:2)에 빠져 허우적거리고 있지는 않은가? 우리는 선한 목자 되신 예수님의 음성에 늘 귀를 기울여야 한다. 목자를 떠나 방황하지 말고, 목자의 뒤를 바짝 따라 생명의 길로 가는 양들이 되어야 한다.

예수님은 우리를 양으로 부르실 뿐만 아니라 제자로 부르신다. 예수님의 제자는 그분처럼 양을 위해 자기를 희생하는 작은 선한 목자가 되어야 한다. 베드로는 말한다. "이를 위하여 너희가 부르심을 받았으니 그리스도도 너희를 위하여 고난을 받으사 너희에게 본을 끼쳐 그 자취를 따라오게 하려 하셨느니라"(벧전 2:21). 우리는 우리를 위해 고난 받으신 예수님을 본받아 그 자취를 따르는 제자로 부름 받았다.

부활하신 예수님은 베드로에게 네가 나를 사랑하느냐고 세 번 물으신 후에 "내 양을 먹이라."고 말씀하셨다. 그리고 베드로가 장차 고난 받을 것을 예언하셨다. "네가 젊어서는 스스로 띠 띠고 원하는 곳으로 다녔거니와 늙어서는 네 팔을 벌리리니 남이 네게 띠 띠우고 원하지 아니하는 곳으로 데려가리라"(요 21:18). 요한복음 저자는 이 말씀을 이렇게 설명했다. "이 말씀을 하심은 베드로가 어떠한 죽음으로 하나님께 영광을 돌릴 것을 가리키심이러라"(요 21:19). 베드로는 예수님이 예언하신 대로, 그리고 자신이 베드로전서에서 말한 대로 예수님의 자취를 따라 순교의 길을 갔다.

예수님은 자신을 비우고 아버지 하나님의 뜻에 온전히 순종하여 하나님께 영광을 돌리심으로써 하나님의 영광에 참여하셨다. 마찬가지로 우리가 예수님을 본받고 그 자취를 따라 자신을 비우며 아버지 하나님의 뜻에 온전히 순종할 때, 예수님처럼 하나님께 영광을 돌리고 그 영광에 참여하게 될 것이다.

일상에서 예수님을 본받고 그 자취를 따라간다는 것은 구체적으로 어떤 것인가? 예수님은 자신의 계명을 지켜 행하라고 말씀하신다. 예수님의 계명은 예수님이 우리를 사랑한 것같이 우리도 서로 사랑하는 것이다. "내 계명은 곧 내가 너희를 사랑한 것 같이 너희도 서로 사랑하라 하는 이것이니라 사람이 친구를 위하여 자기 목숨을 버리면 이보다 더 큰 사랑이 없나니"(요 15 : 12-13). 예수님은 "내가 너희를 사랑한 것 같이" 너희도 서로 사랑하라고 말씀하신다. 즉, 예수님이 우리를 위해 십자가에서 자기 목숨을 내어 주신 것같이, 우리도 이웃에게 자기희생적인 사랑을 실천하라는 것이다. 예수님은 우리가 사랑의 풍성한 열매를 맺을 때 하나님께 영광을 돌리는 제자가 될 것이라고 말씀하신다. "너희가 열매를 많이 맺으면 내 아버지께서 영광을 받으실 것이요 너희는 내 제자가 되리라"(요 15 : 8).

선한 목자 되신 예수님을 알고 믿고 따르는 양으로서 영생의 길로 나아가는 우리 모두가 되기를 기원한다. 그리고 예수님을 본받고 그 자취를 따라 자기희생적인 사랑을 실천하는 예수님의 제자로서 하나님께 영광을 돌려 드리기를 기원한다. 우리와 함께 계시는 보혜사 성령께서 우리를 도와주실 것이다.

예수께서 이르시되 나는 부활이요 생명이니 나를 믿는
자는 죽어도 살겠고 무릇 살아서 나를 믿는 자는 영원히
죽지 아니하리니 이것을 네가 믿느냐(요 11 : 25-26)

부활과 영생의 복음

죽음은 누구에게나 찾아온다. 사랑하는 부모, 배우자, 형제자매의 죽음을 경험하지 않는 가정은 없다. 그것은 견디기 힘든 고통이요 슬픔이다. 평생 사랑하며 함께 살던 배우자가 죽으면 충격과 슬픔을 이기지 못하고 극단적인 선택을 하는 사람도 있을 정도다. 하지만 죽음의 순간은 언젠가 내게도 찾아오기 마련이다. 히브리서는 "한 번 죽는 것은 사람에게 정해진 것이요 그 후에는 심판이 있으리니"(히 9:27)라고 말씀한다. 다른 사람의 죽음을 슬퍼하던 나도 얼마 후에는 그 정해진 길로 갈 것이다. 단지 약간의 시간차를 두고 그 순간을 맞을 뿐이다. 전 세계에서 1년에 약 3천만 명 이상의 사람들이 각종 원인으로 죽는다고 한다. 하루에 십만 명씩 죽는 셈이다. 대형 교회에서는 거의 매일같이 교구에 장례가 발생한다. 일 년이 지나면 수백 명의 얼굴이 보이지 않게 된다.

이 세상은 잠시 지나가는 것이며, 인생은 한여름 밤의 꿈처럼 덧없는 것임을 늘 잊지 말아야 한다. 현실과 꿈의 차이는 길고 짧음뿐이라는 말이 있다. 길게 지속되는 것이 현실이요, 짧은 것이 꿈이라는 말이다. 우리가 현실로 여기던 이 세상의 삶 역시 죽음 뒤에 깨어나면 한낱 꿈 같았다고 생각될지도 모른다. 인생이란 어릴 적 하던 땅따먹기 같다고 할 수 있다. 땅바닥에 잔돌을 손가락으로 세 번 튕긴 만큼 금을 긋고 신나게 자기 집을 불려 가며 놀지만, 저녁 땅거미가 져서 어두워지고 어머니가 부르면 모든 것을 미련 없이 버려 두고 집으로 돌아간다. 우리 인생에도 불원간 황혼이 찾아올 것이다. 하나님께서 부르시면, 우리는 모든 것을 고스란히 버려 두고 하나님께 돌아갈 수밖에 없다.

그러므로 이 덧없는 인생, 땅따먹기 같은 세상사에 집착하지 말자. 그토록 얻고자 애쓰고 집착하던 것들을 다 버려 두고 어느 날 홀연히 떠나야 한다. 임종 때 가장 허무한 사람은 부, 명예, 권력, 인기 등을 세상에 많이 쌓아 놓은 사람일 것이다. 높이 올라갈수록 내려오기 힘들고, 많이 채울수록 비우기 힘든 법이다. 그러므로 세상에 속한 것들에 대한 집착으로부터 자유로워지고, 그것들을 버리고 떠나는 연습을 일상에서 반복하지 않으면 안 된다.

전도서는 "초상집에 가는 것이 잔칫집에 가는 것보다 나으니 모든 사람의 끝이 이와 같이 됨이라 산 자는 이것을 그의 마음에 둘지어다…… 지혜자의 마음은 초상집에 있으되 우매한 자의 마음은 혼인집에 있느니라"(전 7:2-4)라고 말씀한다. 늘 마지막 날을 생각하면서 사는 사람이 지혜롭다. 그는 서로 사랑하며 살기에도 얼마나 짧은 인생인지를 잘 안다. 서로 미워하며 산 만큼 인생은 낭비되고 수명은 감소하는 것이다. 죽음 앞에서 비로소 진실해지고 인생의 실상에 올바로 눈 뜨는 사람이 많다.

짧고 덧없는 인생을 살면서, 자기가 인생의 주인이라고 착각하고 모든 일이 다 계획대로 될 것으로 생각하는 사람이 많다. 야고보는 이런 사람들을 향해 말한다. "들으라 너희 중에 말하기를 오늘이나 내일이나 우리가 어떤 도시에 가서 거기서 일 년을 머물며 장사하여 이익을 보리라 하는 자들아 내일 일을 너희가 알지 못하는도다 너희 생명이 무엇이냐 너희는 잠깐 보이다가 없어지는 안개니라"(약 4:13-14). 그리고 이렇게 말한다. "주의 뜻이면 우리가 살기도 하고 이것이나 저것을 하리라 할 것이거늘"(약 4:15). 이 말씀은 인생의 주권이 자신이 아니라 하나님께 있음을 분명히 보여 준다. 우리는 인생의 주인이 하나님이심을 분명히 깨닫고, 온전히 그분의 주권을 인정하며, 그분의 뜻을 따라 살아야 한다.

유전자 치료로 불치병을 고치고 수명을 늘리는 시대가 도래하고 있다. 현대 의학으로 못 고치는 질병에 걸린 가운데 미래 의학 기술에 희망을 걸고 막대한 돈을 들여 자기 시신을 냉동시키는 사람도 있다고 한다. 죽은 사람이 훗날 발달된 의학의 힘으로 다시 살아난다면 놀랍고 흥분되지 않을 수 없을 것이다. 그러나 그것은 단지 생명의 일시적 연장일 뿐이며, 인간의 유한함과 죽음 자체에 대한 정복은 결코 아니다.

그러나 본문은 인간의 유한함과 죽음 자체를 정복한 사건을 증언한다. 예루살렘에서 3km쯤 떨어진 베다니라는 마을에 나사로와 두 누이동생 마르다, 마리아가 살고 있었다. 부모님을 일찍 여의고 서로 의지하던 세 남매는 예수님을 열심히 따랐다. 예수님은 이들을 각별하게 사랑하셨으며, 예루살렘 지역에 오실 때면 이들의 집에서 쉬어 가시곤 했다. 그런데 어느 날 나사로가 갑작스럽게 병이 들어 죽게 되었다. 누이들은 다른 지역에 계시던 예수님에게 빨리 오셔서 고쳐 달라고 간청했지만, 웬일인지 예수님은 그곳에서 지체하셨고 결국 나사로는 죽고 말았다.

예수님은 나사로가 죽은 지 나흘이나 되어서 찾아오셨다. 마르다는 원망 어린 목소리로 말했다. "주께서 여기 계셨더라면 내 오라버니가 죽지 아니하였겠나이다"(요 11 : 21). 마리아도 예수님의 발 앞에 엎드리며 "주께서 여기 계셨더라면 내 오라버니가 죽지 아니하였겠나이다"(요 11 : 32)라고 서럽게 울었다. 예수님은 그들과 함께 눈물을 흘리시며 나사로의 무덤으로 가셨다. 그리고 무덤을 막아 놓은 돌을 옮기게 하시고 하나님께 기도하신 다음 큰 소리로 외치셨다. "나사로야 나오라"(요 11 : 43). 이 말씀이 떨어지자, 죽어 무덤에 누워 있던 나사로가 걸어 나왔다. 수족을 베로 동이고 얼굴은 수건에 싸인 채였다.

과학은 인간을 안락하게 해 주고 생명을 연장시켰지만, 죽음이라는 인간의 영원한 숙명에는 아무런 답을 주지 못한다. 그러나 복음은 죽음 자체를 정복하고 죽음 너머 영원한 구원의 길을 선포한다. 즉, 복음은 부활과 영생의 길을 증언한다. 물론 예수님에 의해 살아난 나사로도 훗날 다시 죽음을 맞았을 것이다. 그러나 이 사건은 단지 그의 생명의 연장만을 의미하는 것이 아니라 궁극적으로 죽음 자체에 대한 정복을 의미했다. 나사로를 살리신 후에 예수님은 말씀하셨다. "나는 부활이요 생명이니 나를 믿는 자는 죽어도 살겠고 무릇 살아서 나를 믿는 자는 영원히 죽지 아니하리니 이것을 네가 믿느냐"(요 11 : 25-26). 우리가 예수님을 믿는다는 것은 곧 그분이 약속하신 부활과 영생을 믿는 것이다.

예수님은 죽은 나사로를 살리시고 부활과 영생을 약속하셨을 뿐만 아니라, 그 자신이 죽음의 권세를 이기고 부활하셨다. 신약성서는 이를 다양하게 증언한다. 예컨대 바울은 "그리스도께서 죽은 자 가운데서 다시 살아나셨다 전파되었거늘 너희 중에서 어떤 사람들은 어찌하여 죽은 자 가운데서 부활이 없다 하느냐 만일 죽은 자의 부활이 없으면 그리스도도 다시 살아나지 못하셨으리라……. 그러나 이제 그리스도께서 죽은 자 가운데서 다시 살아나사 잠자는 자들의 첫 열매가 되셨도다"(고전 15 : 12-13, 20)라고 편지한다.

잘 알려진 대로 바울은 본래 유대교 율법사였다. 그는 예수님을 거짓 예언자로 여기고, 그분을 믿는 자들을 앞장서서 박해했다. 그러나 그리스도인들을 핍박하기 위해 다메섹으로 가던 도중에 부활하신 예수님을 만난 그는 180도로 변화되었다. 복음을 증언하는 사도가 되어 남은 생애를 온전히 복음에 헌신한 것이다.

한스 큉(Hans Küng)은 "무엇이 기독교 복음인가"라는 글에서 "부활이야말로 기독교를 기독교 되게 하는 시금석이다. 초기 기독교 신자들의 신앙은 실제로 일어난 사건, 즉 십자가에 못 박혀 죽은 분이 살아 계신다는 사실에 근거를 두고 있다."라고 말했다. 또한 에밀 브루너(Emil Brunner)는 "부활절 사건이 없었다면 세계는 교회와 예수 자신에 대하여 듣지 못했을 것"이라고 단언했다. 부활이 없었다면 예수님의 십자가는 단지 실패와 수치와 절망의 상징이 되었을 것이다. 부활은 기독교 복음의 핵심이다. 부활의 주님은 오늘도 성령을 통해 우리를 찾아오신다. 우리는 그분을 꼭 만나야 한다. 부활의 주님을 만나는 사람은 바울처럼 놀라운 인생의 변화를 경험한다.

예수님의 부활에는 세 차원의 의미, 즉 기독론적, 구원론적, 윤리적 의미가 있다. 첫째, 예수님의 부활의 기독론적 의미는 부활을 통해 예수님이 우리의 주님이 되셨다는 것이다. 예수님을 세 번이나 부인했지만, 부활하신 예수님을 다시 만난 후에 담대한 사도로 변화된 베드로는 이렇게 증언했다. "그런즉 이스라엘 온 집은 확실히 알지니 너희가 십자가에 못 박은 이 예수를 하나님이 주와 그리스도가 되게 하셨느니라"(행 2:36). 바울도 "그리스도께서 죽었다가 다시 살아나셨으니 곧 죽은 자와 산 자의 주가 되려 하심이라"(롬 14:9)라고 증언하고 있다. 예수님은 부활하심으로써 우리의 주님이 되셨으며, 하나님 나라를 위한 예수님의 모든 메시아적 사역과 전권 주장이 하나님께 확증되었다. 신학 용어로 표현하면, 나사렛의 '역사적 예수'가 부활로 말미암아 교회의 '신앙의 그리스도', 즉 교회의 주님이 되셨다. 부활이 없었다면 오늘날 예수님을 주님으로 고백하고 믿는 교회의 존재도 없을 것이다. 부활이 없었다면 오늘 우리 가운데 임재하여 도우시고 이 세상을 변화시키는 성령의 역사도 없을 것이다. 부활이 없었다면 우리는 마지막 날에 다시 오실 주님에 대한 소망도 가질 수 없을 것이다.

둘째, 예수님의 부활의 구원론적 의미는 그것이 모든 믿는 자들의 부활에 대한 보증이라는 것이다. 예수님은 말씀하셨다. "나를 보내신 이의 뜻은 내게 주신 자 중에 내가 하나도 잃어버리지 아니하고 마지막 날에 다시 살리는 이것이니라 내 아버지의 뜻은 아들을 보고 믿는 자마다 영생을 얻는 이것이니 마지막 날에 내가 이를 다시 살리리라"(요 6 : 39-40). 바울은 이렇게 말한다. "만일 그리스도 안에서 우리의 바라는 것이 다만 이 세상의 삶뿐이면 모든 사람 가운데 우리가 더욱 불쌍한 자이리라 그러나 이제 그리스도께서 죽은 자 가운데서 다시 살아나사 잠자는 자들의 첫 열매가 되셨도다……. 아담 안에서 모든 사람이 죽은 것 같이 그리스도 안에서 모든 사람이 삶을 얻으리라"(고전 15 : 19-22).

종교개혁자 칼빈의 신학의 핵심은 '그리스도와의 신비한 연합'에 있다. 그리스도인의 삶이란 성령 안에서 그리스도와 신비한 연합을 경험하는 삶이다. 믿음 안에서 그리스도와 연합하는 그리스도인은 장차 그리스도의 부활과 영생에 참여할 것이다. 그리스도와 연합하며 사는 우리에게 죽음은 끝이 아니라 새로운 시작이며, 주님이 계시는 영원한 천국으로 들어가는 관문이다. 그러므로 우리는 죽음 앞에서 빛나는 천국의 영광을 바라보며 평안히 눈을 감을 수 있다. 주님은 우리에게 물으신다. "나는 부활이요 생명이니 나를 믿는 자는 죽어도 살겠고 무릇 살아서 나를 믿는 자는 영원히 죽지 아니하리니 이것을 네가 믿느냐?"(요 11 : 25-26). 기독교의 복음은 부활과 영생의 복음이다.

셋째, 부활에 대한 믿음은 어떠한 역경 속에서도 담대히 살아가게 한다. 예수님은 말씀하셨다. "세상에서는 너희가 환난을 당하나 담대하라 내가 세상을 이기었노라"(요 16 : 33). 예수님이 약속하신 부활에 대한 믿음이 있었기 때문에 초기 그리스도인들은 담대한 용기로 시험과 박해를 이겨 낼 수 있었다. 최초의 순교자인 스데반은 유대인들에게 돌로 맞아 죽는 자리에서 "성령 충만하여 하늘을 우러러 주목하여 하나님의 영광과 및 예수께서 하나님 우편에 서신 것"(행 7 : 55)을 보고 "주 예수여 내 영혼을 받으시옵소서……. 주여 이 죄를 그들에게 돌리지 마옵소서"(행 7 : 59-60)라고 기도했다.

초기 기독교의 역사는 순교의 역사다. 로마 황제 마르쿠스 아우렐리우스와 네로의 박해 때 로마의 원형 경기장에서 많은 그리스도인이 갖가지 참혹한 방법으로 순교를 당했다. 원형 경기장의 한복판에서 한 어머니가 어린아이를 품에 안고 있었다. 저쪽에서 사자가 달려오는 것을 보고 어린아이가 무서워 몸서리를 치자, 어머니는 차분하게 이렇게 말하면서 아이를 껴안았다고 한다. "얘야 잠깐만 참아라. 곧 밝아질 것이다." 이들은 죽음의 어둠 뒤에 밝게 빛나는 부활의 아침을 바라봤다. 그리고 찬미하며 자신을 하나님께 순교의 제물로 드렸다.

예수님의 부활은 하나님의 사랑이 세상의 미움을 정복한 사건이며, 하나님의 선이 세상의 악을 물리친 사건이며, 하나님의 진리가 세상의 거짓을 몰아낸 사건이며, 하나님의 생명이 죽음의 권세를 멸한 사건이다. 이것은 세상에서 미움과 악과 거짓과 죽음의 세력이 승리하는 것처럼 보일지라도, 결국 사랑과 선과 진리와 생명이 최후의 승리를 얻는다는 사실을 입증한다. 또한 끝까지 하나님의 뜻을 따라 의의 길을 가면 영광스런 부활과 영원한 생명에 참여할 것임을 확증하는 표징이다. 복음을 위해 숱한 박해와 고난을 당한 바울은 부활과 영생에 대한 믿음을 이렇게 고백했다. "주 예수를 다시 살리신 이가 예수와 함께 우리도 다시 살리사 너희와 함께 그 앞에 서게 하실 줄 아노라……. 우리가 잠시 받는 환난의 경한 것이 지극히 크고 영원한 영광의 중한 것을 우리에게 이루게 함이니 우리가 주목하는 것은 보이는 것이 아니요 보이지 않는 것이니 보이는 것은 잠깐이요 보이지 않는 것은 영원함이라"(고후 4 : 14, 17-18).

사람이 죽을 때의 모습으로 그의 평생이 어떠했는지를 판단할 수 있다고 한다. 공포와 절망에 사로잡혀 죽은 사람은 세상에서 아무리 성공했어도 하나님 앞에서는 실패했음을 보여 준다. 문호 괴테는 죽을 때 "창문을 열어 다오. 빛을……."이라고 중얼거렸다고 한다. 이것은 그가 어둠 속에 살았음을 보여 준다.

많은 사람이 임종의 순간에 가장 많이 하는 후회가 "내가 왜 좀 더 사랑하고 좀 더 베풀며 살지 못했을까?"라고 한다. 내 어머니는 오랜 기간 병고로 고생하시다가 돌아가셨다. 임종 예배 자리에서 목사님이 어머니에게 물었다. "이제 곧 주님 앞으로 가실 텐데 주님을 만나면 무슨 말씀을 하시겠습니까?" 어머니는 이렇게 대답했다. "예, '하나님 제가 왔습니다.'라고 하지요." 어머니는 천사 같은 얼굴로 평안히 눈을 감으셨다. 어머니가 돌아가신 후에 어머니의 옷장을 살펴보니 옷이 하나도 없었다. 가난한 살림에 얼마 안 되는 옷들이지만 더 어려운 이웃에게 다 나누어 주신 것이었다. 우리는 짧은 인생에 서로 미워하지 말고, 다른 사람을 좀 더 사랑하고 베풀며 살아야 한다. 그래야 하나님께서 부르실 때 거리낌없이 "예" 하고 나아갈 수 있을 것이다.

복음을 전하기 위해 온갖 고난을 겪은 바울은 죽음을 예감하면서 이렇게 고백했다. "전제와 같이 내가 벌써 부어지고 나의 떠날 시각이 가까웠도다 내가 선한 싸움을 싸우고 나의 달려갈 길을 마치고 믿음을 지켰으니 이제 후로는 나를 위하여 의의 면류관이 예비되었으므로 주 곧 의로우신 재판장이 그 날에 내게 주실 것이며 내게만 아니라 주의 나타나심을 사모하는 모든 자에게도니라"(딤후 4:6-7). 이 얼마나 위대한 고백인가! 우리도 세상을 떠날 때 바울처럼 영광스러운 의의 면류관을 확신할 수 있다면 얼마나 좋겠는가! 언제 무슨 일을 당할지 불확실하고 혼란한 시대에, 앞으로 얼마를 더 살지 누구도 예측할 수 없다. 앞으로 몇 년 또는 몇 날을 살든지, 바울처럼 끝까지 선한 싸움을 싸우고 믿음을 지키자. 하나님께서 부르실 때 영광스런 의의 면류관을 받아 쓰고 영생을 누리는 우리가 되기를 기도한다.

명절에 예배하러 올라온 사람 중에 헬라인 몇이 있는데 그들이 갈릴리 벳새다 사람 빌립에게 가서 청하여 이르되 선생이여 우리가 예수를 뵈옵고자 하나이다 하니 빌립이 안드레에게 가서 말하고 안드레와 빌립이 예수께 가서 여쭈니 예수께서 대답하여 이르시되 인자가 영광을 얻을 때가 왔도다 내가 진실로 진실로 너희에게 이르노니 한 알의 밀이 땅에 떨어져 죽지 아니하면 한 알 그대로 있고 죽으면 많은 열매를 맺느니라 자기의 생명을 사랑하는 자는 잃어버릴 것이요 이 세상에서 자기의 생명을 미워하는 자는 영생하도록 보전하리라 사람이 나를 섬기려면 나를 따르라 나 있는 곳에 나를 섬기는 자도 거기 있으리니 사람이 나를 섬기면 내 아버지께서 그를 귀히 여기시리라 지금 내 마음이 괴로우니 무슨 말을 하리요 아버지여 나를 구원하여 이 때를 면하게 하여 주옵소서 그러나 내가 이를 위하여 이 때에 왔나이다 아버지여, 아버지의 이름을 영광스럽게 하옵소서(요 12:20-28)

요한복음 12장은 유월절을 맞아 예루살렘에 올라가신 예수님에게 일어난 일들을 보여 준다. 그 앞부분에는 유월절 엿새 전에 예수님이 베다니에 계실 때가 기록되어 있다. 베다니는 예수님이 불과 얼마 전에 죽은 나사로를 살리신 곳이다. 여기서 예수님을 위한 잔치가 열렸다. 아마 나사로를 다시 살리신 예수님께 감사드리기 위해서 마리아와 마르다 그리고 나사로가 베푼 것으로 추측된다. 이 자리에서 마리아는 매우 비싼 향유를 예수님의 발에 붓고, 자기 머리털로 그 발을 닦았다. 이 모습을 보고 가룟 유다가 "그 비싼 향유를 팔아 가난한 자들에게 주는 것이 옳지 않겠느냐?"라고 말했다. 그러자 예수님은 마리아의 행동이 자신의 장례를 위한 것이라고 말씀하셨다. 자신이 예루살렘에 올라가면 죽임을 당할 것을 예견하고 계셨던 것이다.

그 후 예수님은 어린 나귀를 타고 예루살렘에 입성하셨다. 많은 유대인들이 종려나무 가지를 흔들며 "호산나 찬송하리로다 주의 이름으로 오시는 이, 곧 이스라엘의 왕이시여!"라고 환호했다. 왕의 대관식 퍼레이드를 방불케 하는 분위기였다. 유월절(passover)은 이스라엘 민족이 애굽으로부터 구원을 받은 것을 기념하는 해방기념일이다. 많은 사람이 이 기간에 어떤 큰 사건이 일어날 것을 기대했다. 그것은 예수님이 참 메시아라면 악한 헤롯 왕을 권좌에서 끌어내리고, 놀라운 능력으로 로마군을 무찔러 이스라엘 민족의 해방을 가져오실 것이라는 기대에서 비롯된 것이었다. 그러나 유월절의 정치적 의미를 잘 아는 로마 당국은 혹시 있을지도 모를 소요를 사전에 차단하기 위해 삼엄한 경계를 하고 있었고, 제사장과 종교지도자들은 예수님을 잡아 죽일 기회를 노리고 있었다. 과연 예수님은 왕이 될 것인가? 아니면 권력의 희생양이 될 것인가? 예루살렘에는 폭풍전야 같은 긴장감이 감돌았다.

바로 이때 헬라인 몇 명이 예수님을 만나러 왔다. 그들은 유대교로 개종하고 유월절을 지키러 예루살렘에 온 사람들이었다. 이들은 빌립에게 예수님을 만나게 해 달라고 청했다. 빌립은 안드레와 의논한 후에 예수님에게 가서 헬라인들을 만나시겠는지 여쭈었다. 이 헬라인들은 유대의 제사장과 종교지도자들의 눈을 피해 예수님을 조용히 만나고자 했다. 그렇다면 이들은 왜 예수님을 만나려 했을까? 요한복음 본문에는 그 이유가 기록되어 있지 않지만, 다음과 같은 이야기가 전해 온다.

예수님을 찾아온 헬라인들은 헬라의 조그만 도시국가인 에뎃사 왕국의 사람들이었다. 그런데 에뎃사 왕의 아들이 문둥병(한센병)에 걸렸고, 왕은 아들의 병을 고쳐 달라고 요청하려 했다. 더불어 아들을 고쳐 주면 고문으로 모시겠다고 제안하고자 했다. 헬라인들은 에뎃사 왕의 사신으로 온 사람들이었다. 이들도 제사장과 종교지도자들이 예수님을 죽이려 한다는 사실을 알았다. 그래서 예수님이 여기 있으면 무사하기 어려우니 자기 나라로 피신해서 왕의 고문으로 여생을 편하게 지내라고 은밀히 제안하고자 했다. 예수님에게 있어서 이들의 제안은 에뎃사 왕의 고문으로 여생을 편하게 지낼 기회였다.

그러나 예수님은 얼핏 동문서답 같은 말씀을 안드레와 빌립에게 하신다. "인자가 영광을 얻을 때가 왔도다"(요 12 : 23). 에뎃사 왕국으로 간다면 편안한 생이 보장되고 세상적 영광을 얻을 것이다. 그러나 예수님이 생각하시는 영광은 그런 것이 아니었다. '인자'(人子)의 문자적 의미는 '사람의 아들'(son of man)인데, 특히 구약성서의 묵시문학인 에스겔서에서 '마지막 날 세상을 심판하기 위해 임하는 천상의 존재'로 나타난다. 예수님은 자신을 종종 인자로 칭하셨는데, 이때 이 용어는 두 가지 상반된 의미로 나타난다. 하나는 묵시문학에 나타나는 것과 같은 '종말론적 천상의 심판자' 의미이다. 신적 존재로 쓰이는 이러한 개념은 다음과 같은 예수님의 말씀에 잘 나타난다. "인자가 아버지의 영광으로 그 천사들과 함께 오리니 그때에 각 사람이 행한 대로 갚으리라"(마 16 : 27). 다른 하나는 이와 대조적인 것으로서, '고난을 당하는 인자' 의미이다. 예수님은 "인자가 많은 고난을 받고 장로들과 대제사장들과 서기관들에게 버린 바 되어 죽임을 당하고 사흘 만에 살아나야 할 것"(막 8 : 31)이라고 말씀하셨다. 본래 인자란 용어에는 고난의 의미가 없었다. 여기에 고난의 의미를 담아, 자신을 지칭할 때 사용하신 것은 예수님만의 독특한 점이다.

예수님이 "인자가 영광을 얻을 때가 왔다."고 하실 때 영광이란 어떤 영광인가? 이는 천상의 종말론적 심판자로서의 영광이기 전에, 십자가에서 고난 당하는 인자로서의 영광을 의미한다. 십자가에서 예수님에게 씌워진 고통스러운 가시 면류관의 영광인 것이다. 예수님은 고난의 십자가가 없는 영광을 매우 경계하셨다. 우리는 가이사랴 빌립보에서 예수님과 제자들이 나눈 대화를 익히 알고 있다. "너희는 나를 누구라 하느냐?"는 예수님의 질문에 베드로가 "주는 그리스도시요 살아 계신 하나님의 아들이시니이다"(마 16 : 16)라고 대답하자, 예수님은 자신이 이제 예루살렘에 올라가 고난을 받고 죽임을 당하며 제삼 일에 살아날 것이라고 제자들에게 말씀하셨다. 베드로가 그러한 일이 예수님께 일어나서는 안 된다고 말하자, 예수님은 "사탄아 내 뒤로 물러 가라 너는 나를 넘어지게 하는 자로다 네가 하나님의 일을 생각하지 아니하고 도리어 사람의 일을 생각하는도다"(마 16 : 23) 하시면서 매우 엄중하게 꾸짖으셨다. 그리고 이어서 말씀하셨다. "누구든지 나를 따라오려거든 자기를 부인하고 자기 십자가를 지고 나를 따를 것이니라 누구든지 제 목숨을 구원하고자 하면 잃을 것이요 누구든지 나를 위하여 제 목숨을 잃으면 찾으리라"(마 16 : 24-25). 살고자 하면 죽고, 죽고자 하면 살 것이라는 말씀이다.

"인자가 영광을 얻을 때가 왔다."는 예수님의 말씀은 "내가 십자가를 지고 죽을 때가 왔다."는 뜻이다. 그래서 예수님은 곧이어 이렇게 말씀하신다. "한 알의 밀이 땅에 떨어져 죽지 아니하면 한 알 그대로 있고 죽으면 많은 열매를 맺느니라"(요 12 : 24). 인자의 영광은 한 알의 밀처럼 땅에 떨어져 죽음으로써 많은 열매를 맺는 것이다. 희생 없이는 새 생명을 창조할 수 없다. 이는 창조세계의 불변하는 법칙이자 도덕적 · 영적 원리다. 씨는 땅에 떨어져 묻히고 썩어야 한다. 땅 위에 그대로 있으면 결코 열매를 맺을 수 없다. 거저 생기는 것은 없다. 모든 존재는 누군가의 희생 위에 존재한다. 오늘의 나는 부모님의 희생적인 사랑이 있었기 때문에 서 있다. 오늘의 나라는 순국선열이 뿌린 희생이 있었기 때문에 존재한다. 오늘의 교회는 믿음의 선열이 뿌린 순교의 피 때문에 존재한다. 그리스도인에게 영원한 생명이 주어진 것은 예수님이 십자가에서 자기를 희생하셨기 때문이다.

예수님은 "자기의 생명을 사랑하는 자는 잃어버릴 것이요 이 세상에서 자기의 생명을 미워하는 자는 영생하도록 보전하리라"(요 12 : 25)고 말씀하신다. 여기서 "자기의 생명을 사랑한다."는 것이란 이기적으로 자기를 사랑하고 자기 집착에 사로잡혀 현재적이고 육체적인 만족만을 추구하는 것이다. 예수님은 이러한 사람이 참된 생명을 잃어버릴 것이라고 말씀한다. 반면에 "자기의 생명을 미워한다."는 것은 이기적인 자기 사랑과 자기 집착을 버린다는 의미이다. 예수님은 자기의 생명을 미워하는 사람, 즉 현재적이고 육체적인 만족을 추구하는 자기 사랑과 집착을 버리는 사람이 영원한 생명을 얻을 것이라고 말씀하신다.

예수님은 이어서 제자들에게 자신을 섬기려면 자신을 따르라고 말씀하신다. "사람이 나를 섬기려면 나를 따르라 나 있는 곳에 나를 섬기는 자도 거기 있으리니"(요 12:26). 예수님은 우리를 십자가의 길로 부르신다. 그 길이 곧 생명의 길이기 때문이다. 그런데 우리가 기억해야 할 것이 있다. 땅에 떨어져 죽는 것은 사람이 할 일이고, 거기서 싹이 나고 꽃이 피고 열매 맺는 것은 하나님께서 하실 일이라는 사실이다. 십자가의 길을 가는 것은 나이지만 부활의 새 생명을 주시는 것은 하나님이시다. 우리는 '내가 할 일'과 '하나님께서 하실 일'을 혼동하지 말아야 한다. '내가 할 일'은 하지 않고 '하나님께서 하실 일'을 하려고 해서는 안 된다. 우리는 땅에 떨어져 죽지 않고 많은 열매를 맺으려 해서는 안 된다. 우리는 자기 생명을 미워하지 않고 영생을 얻으려 해서는 안 된다. 우리는 십자가의 길을 가지 않고 부활의 영광에 참여하려 해서는 안 된다.

그러나 한 알의 밀처럼 땅에 떨어져 죽는 일, 자기 생명을 미워하는 일은 얼마나 어려운가? 그것은 예수님에게도 매우 힘들고 어려운 일이었다. 자신이 영광을 얻을 때, 즉 십자가를 질 때가 왔다고 말씀하시는 예수님은 마음이 고통스러운 가운데 계셨다. 생과 사의 기로에서 그분은 심히 괴로워하며 기도하셨다. "지금 내 마음이 괴로우니 무슨 말을 하리요 아버지여 나를 구원하여 이 때를 면하게 하여 주옵소서 그러나 내가 이를 위하여 이 때에 왔나이다"(요 12:27). 이 기도는 (요한복음에는 나타나지 않지만) 겟세마네 동산에서 예수님이 하신 기도, 즉 "내 아버지여 만일 할 만하시거든 이 잔을 내게서 지나가게 하옵소서 그러나 나의 원대로 마시옵고 아버지의 원대로 하옵소서"(마 26:39, 막 14:36, 눅 22:42)와 같은 내용이다(아마도 동일한 사실에 대한 서로 다른 두 전승일 것이다).

그리스도인들은 믿지 않는 사람들로부터 "당신들은 예수 믿으면 천국 간다고 전도하면서도 죽는 것을 우리보다 더 무서워한다."는 조소를 듣기도 한다. 그 말마따나 우리는 천국에 들어갈 것을 믿는다고 말하면서도 죽음 앞에서 말할 수 없는 두려움을 느낀다. 그래서 어떻게 해서든지 죽음을 모면하거나 뒤로 미루려고 한다. 한 알의 밀이 죽으면 많은 열매를 맺듯이 우리 자신을 희생하면 많은 열매를 맺는다는 사실을 잘 알지만, 막상 그러지 못한다. 이것이 연약한 우리의 모습이다.

예수님도 연약한 한 인간이었다. 십자가 죽음을 앞두고 심히 괴로워하시며 심적 고통을 토로하셨다. "내 마음이 괴로우니 무슨 말을 하리요?" 그리고 이렇게 기도하셨다. "아버지여 나를 구원하여 이때를 면하게 하여 주옵소서……. 할 만하시거든 이 잔을 내게서 지나가게 하옵소서." 이것은 십자가를 지지 않고도 하나님의 뜻을 이루고 하나님의 영광을 드러낼 길이 있다면, 그 길로 인도해 달라는 간청이었다. 누가복음은 예수님이 기도하실 때 흘리신 땀이 핏방울 같았다고 기록한다(눅 22:44). 그분의 고뇌가 얼마나 격심했는지를 단적으로 보여 주는 표현이다.

그러나 예수님의 기도는 단지 연약한 인간의 호소로 끝나지 않았다. 예수님은 곧이어 이렇게 기도하셨다. "그러나 내가 이를 위하여 이때에 왔나이다." 이는 "내가 세상에 온 것은 바로 십자가를 지기 위해서입니다. 내 존재 목적은 많은 사람을 위해 희생하고 대신 죽음으로써 인간을 구원하고자 하시는 하나님의 뜻을 이루는 것입니다."라는 확신이다. 그분은 모든 기도를 이렇게 마치셨다. "나의 뜻대로 마시옵고 아버지의 뜻대로 하옵소서." 우리는 힘들고 고통스러운 상황을 맞을 때, "어떻게 하면 이 상황에서 벗어날 수 있을까?"를 생각한다. 어떻게든 이 상황에서 벗어나게 해 달라고 하나님께 간절히 기도한다. 나도 물론 예외가 아니다. 그러나 힘들고 고통스러운 상황을 맞을 때, 내 존재의 근본 목적이 무엇인지를 다시 한 번 생각할 필요가 있다. 하나님께서 나를 세상에 보내셔서 이루고자 하시는 뜻이 무엇인지 생각해 보아야 한다는 것이다. 예수님은 그 뜻에 자신을 복종시키셨다. 우리도 예수님처럼 "아버지의 뜻대로 하옵소서."라고 기도하며, 나를 통해서 이루고자 하시는 하나님의 뜻을 분별하고, 그 뜻을 향해 나아갈 수 있어야 한다.

본문에서 예수님은 이렇게 기도를 끝맺으신다. "아버지여, 아버지의 이름을 영광스럽게 하옵소서"(요 12 : 28). 예수님은 어떻게 하나님의 이름을 영광스럽게 하셨는가? 그리고 우리는 어떻게 하나님의 이름을 영광스럽게 할 수 있는가? 우리가 잘되는 것이 하나님께 영광이 될 때가 있다. 병 나음을 얻고, 성공하고, 형통함으로써 그분께 영광을 돌릴 때다. 하나님은 믿는 사람이 병들고, 실패하고, 초라하게 사는 것을 결코 원하지 않으신다. 자녀가 망하기를 바라는 부모가 어디 있는가? 자녀가 잘되는 것은 부모에게 영광이 된다. 우리와 하나님의 관계도 마찬가지다. 하나님은 자녀들이 세상에서 잘되고 형통하기를 원하신다.

그러나 때로 우리는 자신을 희생하고, 고난 받고, 죽음으로써 하나님께 영광을 돌려야 한다. 요한복음 1~12장은 '표적의 책'이라고 불리고, 13~21장은 '영광의 책'이라고 불린다. 1~12장에는 예수님이 행하신 7가지 이적, 즉 표적이 기록되어 있다. 예수님은 물을 포도주로 변화시키시고, 왕의 신하의 아들을 살리시고, 38년 된 병자를 고치시고, 5천 명을 먹이시고, 물 위를 걸으시고, 날 때부터 앞을 보지 못하던 자를 고치시고, 죽은 나사로를 살리셨다. 예수님의 놀라운 이적들은 하나님께 영광이 되었다.

그러나 영광의 책이라고 불리는 13~21장에는 예수님의 십자가 죽음과 부활 이야기가 기록되어 있다. 본문 바로 뒷장인 13장부터는 예루살렘에서 예수님이 당하신 수난 이야기가 시작된다. 영광의 책은 수난과 더불어 시작되는 것이다. 역설적이지 않은가? 왜 고난이 영광인가? 한 연약한 인간 예수가 하나님의 뜻에 순종하여 십자가에서 죽음으로써 하나님께 영광을 돌렸으며, 여기에 바로 하나님의 아들 예수님의 신적 영광이 있다. 이것이 요한복음이 증언하는 기독론의 핵심이다.

따라서 요한복음은 예수님의 십자가 자체를 영광의 사건으로 묘사한다. 예수님은 "인자가 영광을 얻을 때가 왔다. 한 알의 밀이 땅에 떨어져 죽어야 많은 열매를 맺는다."고 말씀하신 후 이렇게 덧붙이셨다. "내가 땅에서 들리면 모든 사람을 내게로 이끌겠노라"(요 12:32). 땅에서 들린다는 것은 십자가에서 죽는 것을 의미한다. 예수님의 십자가 죽음으로 말미암아 예수님을 믿는 모든 사람이 구원을 받을 것이라는 말씀이다. 바로 이것이 하나님을 영광스럽게 하는 길이다. 그리고 아버지 하나님을 영광스럽게 하기 위해 기꺼이 십자가를 지심으로, 예수님은 영광을 받으셨다. 다시 말하면, 땀이 핏방울같이 되도록 고뇌하며 기도하던 한 연약한 인간 예수가 하나님의 뜻에 순종하여 자신을 희생함으로써 모든 사람을 생명의 길로 이끌었다. 이로써 그분은 하나님께 영광을 돌리셨으며, 성육신하신 말씀으로서 영광스러운 독생자가 되셨다.

예수님의 희생은 단지 악한 인간들에 의해 초래된 비극적 사건이 아니다. 그것은 우리를 위해 아들을 내어 주신 하나님의 자기희생적인 사랑의 사건이다. 이 사랑이 우리에게 영원한 생명을 가져온다. 그러므로 십자가에서 죽기까지 아버지 하나님께 순종하신 예수님이 모든 인간을 위한 생명의 길이다. 그분을 믿음으로 받아들이고, 그분의 뒤를 따라 생명의 길, 십자가의 길로 가는 우리가 되기를 기도한다.

자기의 생명을 사랑하는 자는 잃어버릴 것이요 이 세상에서 자기의 생명을 미워하는 자는 영생하도록 보전하리라(요 12 : 25)

생명과 사랑

생명보다 귀한 것은 없다. 그리고 모든 생명 중에 사람의 생명이 가장 귀하다. 인생에 중요한 문제가 아무리 많다 해도 생사(生死)보다 중요한 것은 없다. 그러니 세상에서 가장 큰 죄는 인간의 생명을 무고하게 희생시키는 일이라 할 수 있다. 반면에 세상에서 가장 가치 있는 일은 죽어 가는 한 생명을 살리는 일이다.

그러나 모든 생명은 유한하다. 어떤 사람은 좀 일찍 죽음을 맞고 어떤 사람은 좀 늦게 죽음을 맞지만, 결국 모두 죽음을 피할 수 없는 것이다. 모든 사람이 경험하지만 또한 가장 감당하기 어려운 일이 죽음이다. 지금까지 이 세상에 태어난 사람이 모두 죽었다는 사실이 아무 두려움 없이 죽음을 맞을 용기를 우리에게 주지는 못한다. 누구나 죽었기 때문에 나도 안심하고 죽을 수는 없는 것이다. 이처럼 죽음은 정해진 이치인 것을 모두가 알지만, 가장 마주 대하기 어렵고 두려운 대상이다.

특히 뜻하지 않은 질병 등으로 인한 죽음 앞에서 사람들은 네 단계로 반응한다. 첫 번째는 부정이다. 자신이 곧 죽는다는 사실을 받아들이지 않는 것이다. "이건 무엇인가 잘못됐다. 의사의 진단이 틀렸을 것이다." 하고 현실에 강하게 반발한다. 두 번째는 분노이다. 자신이 곧 죽음을 어쩔 수 없이 받아들이고 나면 형언할 수 없는 원망과 분노가 일어난다. 그래서 하나님도 원망한다. "이토록 열심히 신앙생활을 한 내게 하나님이 이럴 수가 있습니까?" 하고 말이다. 세 번째는 타협, 즉 하나님과 협상하려 드는 단계다. "하나님 저를 살려 주시면 다시는 죄를 짓지 않고 착하게 살겠습니다."라든가 "저를 살려 주시면 주의 종이 되겠습니다." 하는 기도를 한다. 그리고 마지막은 포기다. 죽음이 임박해지면 살고자 하는 욕구를 버리게 되는 것이다. 이 단계에서 어떤 사람은 극도의 절망과 두려움에 사로잡힌다. 그러나 신실하게 하나님을 의지하던 사람은 자기 영혼을 하나님께 의탁하고 평온하게 세상을 떠난다.

예수님이 십자가에서 하신 "내 영혼을 아버지 손에 부탁하나이다"(눅 23 : 46)라는 기도는 다윗의 기도인 "내가 나의 영을 주의 손에 부탁하나이다"(시 31 : 5)에서 왔다고 할 수 있다. 이것은 이스라엘 사람들이 잠들기 전에 하는 기도였다. 매일 밤 잠자리에 들 때 죽음 앞에 서는 우리의 영혼을 하나님께 의탁해야 한다는 것이 그들의 종말론적 신앙이었다.

건강하고 행복하게 오래 사는 것은 복이지만, 세상에 영원히 사는 것은 복이 아니라 오히려 저주일 것이다. 고통과 슬픔이라는 현실로부터 영원히 벗어날 수 없다는 뜻이기 때문이다. 그러므로 죽음이라는 필연은 불행이 아니라 오히려 다행인 것이다. 고대 이스라엘 사람들은 하나님을 잘 경외하고 많은 자손을 보며 건강하고 행복하게 오래 사는 것이 가장 큰 복이라고 생각했다. 즉, 천수(天壽)를 다 누린 후에는 자연으로 다시 돌아가는 것이다. "네가 흙으로 돌아갈 때까지 얼굴에 땀을 흘려야 먹을 것을 먹으리니 네가 그것에서 취함을 입었음이라 너는 흙이니 흙으로 돌아갈 것이니라 하시니라"(창 3 : 19). 죽음은 자연적인 것이며, 모든 것을 자연으로 돌아가게 한다. 그것은 인간이 본래 자연의 일부인 것을 되새기게 해 준다.

그러나 여전히 죽음은 모든 인간에게 두려움과 절망의 대상이다. "15분"이라는 짤막한 연극이 있다. 무대에 한 젊은이가 만면에 웃음을 띠고 나타난다. 그는 사람들로부터 총애를 받고 미래를 꿈꾸며 희망에 부풀어 있다. 그런데 어느 날 몸이 불편해서 의사를 찾았다가 "자넨 이제 목숨이 15분밖에 남지 않았네." 하는 통보를 받는다. 청년은 기가 막혀 하며 그럴 리가 없다고 부정하고 몸부림을 치지만 도리가 없다. 바로 그때 우체부가 들어와 우편물을 전해준다. 대학원에 제출한 박사학위 논문이 통과되어 학위를 받게 되었다는 통지서였다. 그러나 그는 반가워하지 않는다. 조금 후에는 세상을 떠난 부친의 유산 문제가 잘 해결되어 그가 수십억 원의 돈을 상속받게 되었다는 소식이 날아든다. 그러나 그는 이것도 반가워하지 못한다. 잠시 후 다시 들어온 우체부는 청년이 오랫동안 청혼해 온 애인이 결혼을 수락하는 편지를 전한다. 그러나 그는 이것도 기뻐하지 않는다. 의사는 말한다. "이제 자네가 바라던 소원은 다 이루어졌네." 그러나 청년은 극도로 절망한 나머지 15분도 다 채우지 못하고 죽어 버린다.

이 연극은 생명 없이는 명예나 재물이나 그 무엇도 참 행복을 줄 수 없다는 것을 보여 준다. 죽음은 세상의 모든 가치와 의미가 상대적이고 무상함을 일깨움으로써, 우리를 절대적 가치와 의미, 궁극적 진리와 구원의 문제 앞에 세운다. 철학은 이러한 죽음의 현실을 대한 인식하는 데서 생겨났다. 하이데거는 "왜 무가 아니고 어떤 것이 존재하는가?"라는 라이프니츠의 질문을 '형이상학의 근본 문제'라고 불렀다. 틸리히는 비존재(nonbeing), 즉 죽음 앞에서의 '존재론적 충격'(ontological shock)이 철학의 출발점이라고 말했다. 죽음의 문제를 해결하는 것이 삶의 문제를 해결하는 길이다. '웰다잉'(well-dying)이 '웰빙'(well-being)의 길이다. 모든 종교의 궁극적 관심은 죽음의 문제를 해결하는 것이다. 그것이 곧 종교의 진리이고 구원이다.

기독교 신앙의 본질은 종말과 맞닿아 있다. 불가피한 죽음이라는 존재론적 충격 앞에서, 또는 문득 다가온 죽음의 현실 앞에서 자신을 반성하는 것이 회심의 출발점이다. "내가 죽으면 나의 존재는 어떻게 되는가? 나는 무에서 왔다가 다시 무로 돌아가는가?" 죽음을 남의 문제로만 여기고 한 번도 생생하게 느껴 보지 못한 사람에게 진정한 회심을 기대하기는 어렵다. 위대한 하나님의 일꾼들 가운데는 불치의 병으로 죽음의 문턱까지 갔다가 하나님의 은혜로 다시 살아난 사람들이 많다. 죽음 앞에서의 자기반성을 통한 회심은 세계관을 전환시킨다. 나는 지금까지 세상의 모든 대상, 심지어 하나님과도 자기중심적으로 관계를 맺어 왔다. 그래서 언제나 "너는 내게 무슨 의미가 있는가? 하나님은 내게 어떤 도움을 주시는가?"에 관심을 가져 왔다. 내 인생의 가치관 역시 이러한 자기중심적 세계관에 의해 결정되어 왔을 것이다. 이처럼 자신의 행복과 성공과 만족만을 추구하는 이기적인 사람은 이해관계만을 끊임없이 계산한다. 그에게 있어서는 "내게 도움이 되는 것이 선이고, 내게 해가 되는 것이 악이다".

그러나 죽음 앞에서의 자기반성을 통한 회심은 세계관을 뒤엎고 물음의 방향을 바꾼다. "나는 다른 사람들에게 어떤 존재였는가? 나는 자식들에게 어떤 아빠였는가? 아내에게 어떤 남편이었는가? 다른 사람들에게 어떤 이웃이었는가?" 그리고 "나는 하나님 앞에서 어떤 존재인가? 하나님은 나를 의롭다고 판단하실 것인가? 아니면 불의하다고 판단하실 것인가?" 이러한 존재론적 물음의 전환이 일어나는 곳에 거듭남이 있다. 진정한 거듭남이란 어떤 신비한 종교 체험을 하는 것이 아니다. 그것은 자기중심적 세계관에서 타자와 하나님을 중심으로 하는 세계관으로 전환하는 것을 의미한다. 예수님이 약속하시는 구원은 '나를 위한' 구원이기 이전에 '나로부터의' 구원이다. 구원은 바로 자기중심적인 나로부터의 해방에서 비롯된다. '나로부터' 구원받지 못한 사람은 '나를 위한' 구원을 누릴 수 없다. 그래서 예수님은 이렇게 말씀하셨다. "자기의 생명을 사랑하는 자는 잃어버릴 것이요 이 세상에서 자기의 생명을 미워하는 자는 영생하도록 보전하리라"(요 12:25). 이 말씀은 자신의 생명에 집착하는 이기주의로부터 해방되어야 영생을 얻는다는 말씀이다.

생명의 근본 원리는 사랑이다. 모든 생물은 사랑 없이 살 수 없다. 유추프라카치아는 밀림에서 소량의 물과 햇빛으로 사는 음지 식물이다. 그 지역 사람들은 유추프라카치아가 사람의 영혼을 갖고 있다고 말한다. 이 식물은 누군가가 조금이라도 몸체를 건드리면 그날부터 시름시름 앓다 죽고 만다. 그런데 이것은 유난한 결벽증이 아니다. 이 식물은 어제 자기를 건드린 사람이 매일 계속해서 건드려 주면 죽지 않는다. 누군가 건드리면 금방 시들고 죽어 버리지만, 한번 만진 사람이 계속해서 애정을 가지고 만지면 살 수 있는 것이다. 그야말로 사랑에 굶주린 고독한 영혼을 가진 식물이라고 할 수 있다.

이상구 박사의 쥐 실험에 관한 일화가 있다. 그는 실험용 쥐 한 무리가 어미의 젖을 먹게 한 후 어미로부터 떼어 놓았다. 다른 한 무리는 젖을 먹인 다음에 어미와 함께 두었다. 어미는 젖을 먹인 뒤에 새끼를 자꾸 핥아 주었다. 이상구 박사는 어미가 젖을 먹이고 핥아 준

쥐는 어미와 떼어 놓은 쥐보다 배나 더 건강하게 자라는 것을 확인할 수 있었다. 젖을 먹는다 해도 어미와 떼어 놓으면 불안한 나머지 잘 자라지 못한 것이었다. 하찮은 짐승도 이처럼 사랑을 필요로 한다면, 사람은 얼마나 더 그러하겠는가? 사람은 다른 동물들에 비해 수유와 양육 기간이 훨씬 길다. 알을 깨고 나온 병아리는 몇 분도 안 되어 걸어다니고 모이도 쪼아 먹는다. 송아지나 망아지도 태어나자마자 곧장 혼자 힘으로 서고 걸어다닌다. 그런데 사람은 태어나서 혼자 힘으로 걷는 데 1년 가까이 걸린다. 사회적 존재로 서기까지는 30년, 또는 그 이상이 필요하다. 오랜 기간 부모와 주위 사람에게 사랑의 보살핌을 받아야 한다. 사랑이 인간 생명의 근본 원리라 할 만하다.

사도 요한은 "하나님은 사랑이시다"(요일 4:8, 16)라고 말한다. 하나님의 사랑이 주어지는 곳에 영원한 생명, 즉 영생이 있다. 어떻게 그것이 우리에게 주어지는가? 바울은 빌립보서 2:5~11에서 이를 설명한다. 첫째는 자기 비움이다. "그는 근본 하나님의 본체시나 하나님과 동등됨을 취할 것으로 여기지 아니하시고 오히려 '자기를 비워'(εκένωσεν)……"(빌 2:6-7). 사랑은 자기를 비우는 것이다. 둘째는 상대방과의 동일화다. "종의 형체(μορφῆ)를 가지사 사람들과 같이 되셨고 사람의 모양으로 나타나사"(빌 2:7-8). 사랑은 자신을 대상과 완전히 동일화하는 것이다. 셋째는 자기희생이다. "자기를 낮추시고 죽기까지 복종하셨으니 곧 십자가에 죽으심이라"(빌 2:8). 사랑은 자기를 낮추고 희생하는 것이다. 예수님 안에 나타난 하나님의 사랑은 자기를 비우고, 자신을 상대방과 동일화하고, 자기를 희생하는 사랑이다. 이 사랑이 우리에게 영원한 생명을 준다.

예수님 안에 나타난 하나님의 사랑, 즉 자기를 비우고, 자신을 상대방과 동일화하고, 자기를 희생하는 사랑은 한마디로 '타자중심적 사랑'이다. 우리가 예수님을 믿고 영생을 얻는다는 것은 타자중심적인 존재로 거듭나는 것을 의미한다. 본회퍼의 표현을 빌리면 예수님은 '타자를 위한 존재'(being for others)다. 예수님을 믿는 자는 그분의 존재 구조 안에 참여한다. 타자 중심성으로의 이러한 전환은 곧 사랑으로의 전환을 의미한다.

사랑이란 감정이 아닌 존재의 문제다. 진정한 사랑은 탈자아적(脫自我的, exocentric) 존재 구조 안에서만 가능하다. 사랑은 나의 기쁨, 나의 행복이 아니라 오직 너의 기쁨, 너의 행복을 추구하는 것이다. 하나님의 형상은 자기를 비우고 자신을 타자와 동일화하며 자기를 희생하는 사랑의 능력으로서 인간 안에 드러난다. 영생이란 자기 생명에 대한 이기적 집착에서 해방되어 다른 사람의 생명을 사랑하는 삶이다. 이런 의미에서 예수님은 형제를 사랑하는 사람이 이미 영생으로 들어갔다고 말씀하셨다. "우리는 형제를 사랑함으로 사망에서 옮겨 생명으로 들어간 줄을 알거니와 사랑하지 아니하는 자는 사망에 머물러 있느니라"(요일 3:14).

어떤 관원이 예수님께 나아와 영생의 길을 물었다. 그러나 큰 부자였던 그는 "네게 있는 것을 다 팔아 가난한 자들에게 나눠 주라……. 와서 나를 따르라"(눅 18:22)는 예수님의 말씀을 듣고 근심하며 돌아갔다. 영생으로 들어갈 준비가 안 되어 있던 것이다. 그는 영생을 소유의 문제로 오해했다. 돈, 젊음, 사회적 명예, 종교적 의를 모두 소유한 그는 이제 하나 남은 가장 중요한 것, 즉 영생을 소유하고자 했다. 영생이 '얻음'과 '소유'가 아니라 '됨'과 '존재'의 문제인 것을 알지 못했기 때문이다. 그는 자기중심적 존재로부터 타자중심적 존재로의 전환, 즉 거듭남이 영생의 길임을 몰랐다. 예수님은 그를 꿰뚫어 보셨다. "네게 있는 것을 다 팔아 가난한 자들에게 나누어 주라."는 말씀은 자기중심성을 버리고 타자중심성으로 전환하라는 요구였다. 영생은 '얻거나' '소유'하는 것이 아니다. 우리가 자기중심적 존재로부터 타자중심적인 존재로 변화할 때 영생의 '존재'가 '되는' 것이다. 영생의 존재는 사랑으로 가득 차고 사랑으로 산다. 그리고 진정으로 하나님과 이웃을 사랑하는 사람은 이미 영생을 사는 사람이다.

진정한 그리스도인은 하나님께서 지으신 창조 세계의 모든 생명을 사랑한다. 예수님은 특히 사람의 생명이 천하보다 귀하다고 말씀하셨다(마 16:26). 우리는 다른 사람의 생명을 사랑하고 살리기 위해 주님께 부름 받았다. 다시 말해서, 영생으로 부름 받았다. 만일 우리가 타자중심성이라는 존재론적 전환과 실천 없이 영생을 믿는다면, 그 믿음은 단지 영원히 살고 싶다는 이기심의 투사일 뿐이다.

존재론적 전환을 통한 거듭남과 변화는 우리 자신의 힘만으로는 불가능하다. 우리가 다른 사람을 진정으로 사랑하는 사람이 되기 위해서는 날마다 성령의 도우심을 힘입어야 한다. 이 존재론적 변화는 일순간에 완성되는 것이 아니라 평생에 걸친 성화의 과정을 필요로 한다. 우리는 성령의 도우심의 은혜를 힘입어, 끊임없이 자기중심적 자아로부터 벗어나고 타자를 위한 사랑의 삶으로 나아가야 한다. 그렇게 함으로써 영원한 생명으로 들어가는 복된 인생들이 다 되기를 소망한다.

영생의
복음

제2부
영광의 책

너희는 마음에 근심하지 말라 하나님을 믿으니 또 나를 믿으라 내 아버지 집에 거할 곳이 많도다 그렇지 않으면 너희에게 일렀으리라 내가 너희를 위하여 거처를 예비하러 가노니 가서 너희를 위하여 거처를 예비하면 내가 다시 와서 너희를 내게로 영접하여 나 있는 곳에 너희도 있게 하리라 내가 어디로 가는지 그 길을 너희가 아느니라 도마가 이르되 주여 주께서 어디로 가시는지 우리가 알지 못하거늘 그 길을 어찌 알겠사옵나이까 예수께서 이르시되 내가 곧 길이요 진리요 생명이니 나로 말미암지 않고는 아버지께로 올 자가 없느니라…… 평안을 너희에게 끼치노니 곧 나의 평안을 너희에게 주노라 내가 너희에게 주는 것은 세상이 주는 것과 같지 아니하니라 너희는 마음에 근심하지도 말고 두려워하지도 말라(요 14 : 1-6, 27)

요한복음 14~16장은 '다락방 강화'라고 불린다. 이 부분은 공관복음서에 기록된 산상보훈과 여러 면에서 대조를 이룬다. 산상보훈이 예수님의 공생애 초기에 주신 교훈이라면, 다락방 강화는 말기, 특히 대적자들에게 잡히시기 전날 밤에 주신 교훈이다. 그리고 산상보훈이 갈릴리 해변 근처의 산상, 즉 언덕에서 주신 교훈이라면, 다락방 강화는 마가의 다락방에서 주신 교훈이다. 또한 산상보훈이 일반 대중을 대상으로 하는 하나님 나라 백성의 윤리라면, 다락방 강화는 부르심을 받은 제자들에게 가르치신 제자도이다.

14장은 예수님이 대적자들에게 붙잡혀 십자가에 달리시기 전날 밤, 제자들과 마지막 만찬을 나눌 때 하신 강화이다. 제자들은 메시아로 믿고 좇던 예수님이 붙잡혀 죽으실 것이라고는 전혀 상상하지 못했다. 그들은 예수님이 예루살렘에서 이스라엘의 왕으로 즉위하시면 함께 권세와 영화를 누릴 것을 기대했다. 예수님이 세베대의 아들들(야고보와 요한)의 어머니와 나눈 대화에 그것이 잘 나타난다.

그녀는 아들들을 데리고 예수님께 와서 "나의 이 두 아들을 주의 나라에서 하나는 주의 우편에, 하나는 주의 좌편에 앉게 명하소서"(마 20 : 21)라고 청원했다. 사실 이 두 제자뿐만 아니라 다른 제자들도 같은 기대를 갖고 예수님을 좇았다. 야고보와 요한의 어머니가 아들들을 데려다가 예수님께 청원했다는 소식을 듣고 그들이 분히 여겼다는 사실이 그 점을 반증한다.

따라서 예수님이 이제 곧 붙잡혀 죽임 당하실 것을 말씀하실 때 그들은 큰 근심과 두려움에 사로잡혔다. 예수님은 그들에게 말씀하셨다. "너희는 마음에 근심하지 말라 하나님을 믿으니 또 나를 믿으라"(요 14 : 1).

모든 인간 내면의 심층에는 불안이 있다. 독일 철학자 마르틴 하이데거(Martin Heidegger)는 『존재와 시간』에서 인간의 실존을 다음 신화를 통해 표현했다. 어느 날 불안의 신 미세리아(Miseria)가 흙덩어리로 한 형상을 만들었다. 그는 이 형상에 혼(생명)을 불어넣어 달라고 주피터(Jupiter) 신에게 부탁했다. 주피터가 혼을 불어넣자 흙덩어리는 살아 움직이는 생명체가 되었다. 미세리아와 주피터는 이 생명체에 서로 자기의 이름을 붙이려 하다가 언쟁을 벌였다. 이 와중에 대지의 여신 텔루스(Tellus)가 찾아와서 이 생명체의 몸은 흙으로 되어 있으니 자기 이름을 붙여야 한다고 주장했다. 삼파전이 해결될 기미가 보이지 않자 세 신은 시간의 신 새턴(Saturn)에게 가서 이 문제를 해결해 달라고 부탁했다. 새턴은 다음과 같이 판결을 내렸다. "주피터 신이여! 당신은 때가 되면 이 형상에서 혼을 찾아가도록 하시오. 땅의 신이여! 그대는 흙으로 된 육체를 찾아가시오. 불안의 신이여! 당신은 이 형상이 살아 있는 동안 불안으로 다스리시오. 그리고 이 형상의 이름은 호모(homo, 인간)라고 하는 것이 좋겠소." 그리하여 인간은 죽을 때까지 불안 속에 살아가야 하는 존재가 되었다.

하이데거는 이 그리스 신화를 빌어 인간 실존의 특성을 '불안'(Sorge)으로 규정했다. 불안은 단지 심리적인 현상이 아니라 존재론적인 현상이다. 다시 말하면, 인간의 불안은 존재의 유한성에 의한 본유적 특성이다. 인간은 다른 동물과 달리 자신이 유한하다는 것을 알기 때문에, 그리고 자신이 불완전하고 연약한 것을 알고 있기에 불안을 느낀다. 우리가 사는 세상은 이러한 불안을 가중한다. 극도의 경쟁 사회에서 살아남아야 한다는 강박과 스트레스가 항상 마음을 짓누른다. 그야말로 불안의 시대이다. 우리는 언제 무슨 일을 당할지 알 수 없는 혼란하고 험한 세상의 물결에 내던져져 있다. 특히 "불확실성만이 확실하다."고 할 만한 포스트 코로나19 시대에 현대인의 마음은 극도로 불안하다. '코로나 블루'(corona blue, 코로나 우울감)라는 말까지 생겨났을 정도다. 내과 환자의 70%에게는 정신과 치료도 필요하다는 연구 결과가 있다. 실상은 예외 없이 모든 사람이 불안이란 정신적 질병을 안고 살아간다.

불안의 시대를 살아가는 우리에게 예수님은 말씀하신다. "너희는 마음에 근심하지 말라 하나님을 믿으니 또 나를 믿으라." 이 말씀에서 "너희는 마음에 근심하지 말라."와 "하나님을 믿으니 또 나를 믿으라."는 선후 관계가 아니다. 즉, 우리가 근심을 버린 후에 하나님을 믿으라는 뜻이 아니다. 이 말씀은 마음에 근심이 있을 때, 하나님을 믿음으로써 근심을 물리치라는 말씀이다. 삶의 모든 문제가 해결되고 만사가 형통해서 근심거리가 없을 때 하나님을 믿는 것이 결코 아니다. 근심거리는 늘 있다. 오히려 마음을 불안하고 근심하게 하는 것들이 있기 때문에 우리는 더욱 하나님을 믿고 의지하는 것이다. 문제가 다 해결되고 만사가 형통하면 하나님을 더 잘 믿을 것 같은가? 실상은 반대이다. 평안하고 모든 일이 다 잘될 때 우리는 하나님을 잊어버리고 그분을 의지하지 않는다. 기억하라. "너희는 마음에 근심하지 말라 하나님을 믿으니 또 나를 믿으라."는 말씀은, 우리가 어려운 문제로 근심할 수밖에 없을 때 더욱 하나님을 굳게 붙들고 의지함으로써 근심을 물리치라는 말씀이다.

하나님은 근심할 수밖에 없는 우리의 믿음을 연단하신다. 이스라엘 백성을 광야에서 40년 동안 유리방황하게 하신 것과 같다. 광야에서의 삶은 한마디로 근심과 걱정의 연속이었다. 낮에는 사막의 열풍이, 밤에는 독사와 같은 짐승들이 이스라엘 백성을 위협했다. 그래서 하나님께서 낮에는 구름기둥으로 밤에는 불기둥으로 지켜 주셔야 했다. 또한 광야의 생활은 무엇을 먹을지, 어디서 잘지 근심하고 걱정할 수밖에 없는 매일이었다. 그래서 하나님은 만나와 메추라기를 보내 주시고 반석에서 물을 내 주셔야 했다. 하나님은 이러한 광야 40년의 생활을 통해 이스라엘 백성이 오직 하나님만 믿고 의지하도록 연단하셨다. 그런 후에야 그들은 약속의 땅 가나안에 들어갈 수 있었다. 모세는 신명기에서 이스라엘 백성에게 이렇게 유언한다. "네 하나님 여호와께서 이 사십 년 동안에 네게 광야 길을 걷게 하신 것을 기억하라……. 너를 낮추시며 너를 주리게 하시며 또 너도 알지 못하며 네 조상들도 알지 못하던 만나를 네게 먹이신 것은 사람이 떡으로만 사는 것이 아니요 여호와의 입에서 나오는 모든 말씀으로 사는 줄을 네가 알게 하려 하심이니라"(신 8 : 2-3).

인생은 이스라엘 백성의 광야 생활과 같다. 우리는 끊임없이 사막의 열풍과 맹수 같은 상황들을 만난다. 힘든 한 상황이 지나가기 무섭게 더한 상황이 닥치기 일쑤다. 인생 여정에 근심과 걱정이 떠날 날이 없다. 하지만 그런 상황들이 오히려 하나님을 믿음으로 붙드는 기회가 되고, 하나님께 간절히 기도함으로써 응답을 경험하는 기회가 된다. 힘들고 어려운 상황이 하나님께서 역사하시는 기회가 되는 것이다. 성서에 나타나는 하나님의 놀라운 기적들은 모두 인간의 힘으로 해결할 수 없는 문제 속에서 일어났다. 문제가 없으면 기적도 없다. 문제를 기도로 하나님께 맡길 때, 하나님께서 그 문제를 기적으로 바꾸신다. 그러므로 예수님은 우리에게 말씀하신다. "너희는 마음에 근심하지 말라 하나님을 믿으니 또 나를 믿으라."

히틀러의 박해를 피해 숨은 한 유태인이 지하실 벽에 다음과 같은 글귀를 새겨 놓았다. "나는 하나님께서 분노를 녹이시고, 좌절감을 해소하시고, 외로운 가슴에 사랑을 채우시고, 어린아이들이 모래 위에 남긴 자국을 파도가 씻어 버리듯 아픈 상처를 아물게 해 주시는 것을 보았습니다. 하나님은 웅덩이에서 절망한 자를 끌어내시어 아름다운 새 길을 가게 해 주시고, 넘을 수 없는 것처럼 보이던 산을 넘게 해 주십니다……. 나는 태양이 빛나지 않을 때도 태양이 있음을, 나는 사랑을 느끼지 못할 때도 사랑이 있음을, 나는 하나님이 침묵을 지키실 때도 하나님이 계심을 믿습니다."

예수님이 세상에 오신 것은 불안에 사로잡힌 우리에게 평안을 주시기 위함이다. 예수님은 "나의 평안을 너희에게 주노라"(요 14:27)고 말씀하셨다. 그런데 "내가 너희에게 주는 평안은 세상이 주는 것과 같지 않다."는 말씀이 뒤따른다. 예수님이 우리에게 주시는 평안은 어떤 것인가? 평안의 사전적 정의는 "걱정이나 탈이 없이 무사히 잘 있는 상태"를 가리킨다. 그러나 예수님이 말씀하시는 평안은 단지 걱정이나 탈이 없이 무사히 잘 있게 해 주겠다는 말씀이 아니다. 예수님이 제자들에게 "나의 평안을 너희에게 주노라."고 말씀하실 때, 그분은 말로 표현할 수 없이 고통스러운 상황에 계셨다. 그 시간에 가룟 유다는 예수님을 대적자들에게 팔아넘겼고, 그들은 몇 시간 후면 예수님을 붙잡아 죽이려고 당도할 것이다. 예수님은 그들에 의해 십자가에 처형당할 것이다. 예수님은 그날 밤 겟세마네 동산에서 땀이 핏방울이 되도록 심히 고뇌하며 하나님께 기도하셨다. 얼마나 심적 고통이 심했으면 땀이 핏방울처럼 되었겠는가? 그런데 어떻게 예수님이 제자들에게 "나의 평안을 너희에게 주노라."라고 말씀하실 수 있는가?

주님의 평안은 단지 편안하고 안락하고 형통한 상태로부터 오는 것이 아니다. 오히려 말할 수 없는 고뇌 가운데서 경험되는 평안이다. 하나님께 순종하고 그 뜻을 이루기 위해 어떠한 고난도 받아들이는 자가 누리는 평안이다. 주님의 평안은 "내 뜻대로 마옵시고 아버지의 뜻대로 하옵소서." 하고 기도하며 모든 것을 하나님께 맡기고, 십자가의 죽음까지 받아들이며 순종하는 자가 경험하는 평안이다. 그리고 주님이 우리에게 주겠다고 약속하시는 평안이 이것이다. 세상의 평안은 외적 조건을 충족시켜 줌으로써 경험된다. 그러나 주님이 주시는 평안은 고통 한가운데에서 하늘로부터 임한다. 세상이 주는 평안은 거짓되고 일시적이다. 그러나 주님이 주시는 평안은 참되고 영원하다. 바로 이 평안을 누린 바울은 복음을 전하다 억울하게 매를 맞고 빌립보 감옥에 갇혀서도 찬송할 수 있었다. 또한 암울한 로마 옥중에서도 기쁨의 편지라고 불리는 빌립보서를 쓸 수 있었다. 그러므로 역설적으로, 주님이 주시는 평안은 고난 속에 있다. 하나님의 뜻대로 행하다가 고난을 받는 자에게는 위로부터 내리는 주님의 평안이 임한다.

그러나 고난과 십자가가 끝은 아니다. 예수님이 십자가의 죽음을 눈앞에 두고 제자들에게 평안을 약속하신 것은 부활의 영광을 바라보셨기 때문이다. 그러므로 예수님은 제자들에게 다음과 같이 말씀하셨다. "내 아버지 집에 거할 곳이 많도다……. 내가 너희를 위하여 거처를 예비하러 가노니 가서 너희를 위하여 거처를 예비하면 내가 다시 와서 너희를 내게로 영접하여 나 있는 곳에 너희도 있게 하리라"(요 14:2-3). '내 아버지 집'은 하나님의 나라, 즉 천국을 의미한다. 예수님은 먼저 천국에 가셔서 제자들을 위한 거처를 예비하겠다고 말씀하신다. 이 말씀은 그들을 영생으로 인도하시겠다는 약속이다. 그리스도인에게 있어서 죽음은 끝이 아니라 영생으로 들어가는 문이다. 영생의 약속을 믿기 때문에 우리는 죽음과 같은 상황에서도 평안을 누릴 수 있다.

요한 웨슬리가 대서양을 건너 미국으로 가던 중 큰 풍랑을 만나 배가 좌초될 위험에 빠졌다. 사람들은 두려움에 사로잡혔다. 그런데 웨슬리는 찬송을 하고 있었다. 선장이 웨슬리에게 "당신의 하나님께 기도하시오."라고 요청했다. 그때 웨슬리는 이렇게 대답했다. "천국을 가든 미국을 가든 둘 중 한 곳은 분명히 갈 것입니다." 물에 빠져 죽으면 천국에 갈 것이고, 무사히 바다를 건너면 미국에 갈 것이니 두려워할 필요가 없다는 것이다. 우리는 죽음과 같은 상황도 두려워하지 않은 웨슬리의 평안을 배워야 한다.

예수님은 아버지의 집에 처소를 예비하겠다고 약속하시며, 자신이 길이요 진리요 생명이라고 말씀하셨다. “내가 곧 길이요 진리요 생명이니 나로 말미암지 않고는 아버지께로 올 자가 없느니라”(요 14:6). 여기서 길과 진리와 생명은 별개가 아니라 예수님 안에서 하나다.

예수님은 우리를 아버지 하나님께 인도하는 길이다. 우리는 길 되시는 예수님을 통해서만 하나님께 나아갈 수 있다. 기독교의 진리는 형이상학 이론이 아니라 하나님께 나아가는 길이다. 그러므로 하나님께 나아가는 길이신 예수님이 곧 진리다. 또한 하나님은 생명의 근원이시고, 영생은 하나님과 영원한 교제 안에 있는 생명을 가리킨다. 하나님께 인도하는 길이라는 것은 곧 생명으로 인도하는 길을 의미한다. 그러므로 우리를 하나님께 인도하는 길과 진리가 되시는 예수님이 곧 생명의 주님이다. 그리스도인은 예수님 안에서, 지금 여기서 영원한 천국의 영생을 선취해 누리며 살아가는 사람들이다.

그러므로 그리스도인은 세상의 어떤 환난과 시험의 물결에도 근심하거나 두려워하지 말아야 한다. 예수님께서 잡히시기 전날 밤 근심과 두려움에 떠는 제자들에게 거듭 말씀하신 것처럼, 오늘 우리에게도 근심하거나 두려워하지 말라고 거듭 말씀하신다. “너희는 마음에 근심하지 말라 하나님을 믿으니 또 나를 믿으라”(요 14:1). “너희는 마음에 근심하지도 말고 두려워하지도 말라”(요 14:27). 우리를 불안하고 두렵게 만드는 상황 속에서 예수님은 길과 진리와 생명이 되신다. 주님께서 주시는 평안으로 말미암아 모든 근심과 두려움을 물리치고, 참 평안을 누리는 우리 모두가 되기를 간절히 기도한다.

세상이 너희를 미워하면 너희보다 먼저 나를 미워한 줄을 알라 너희가 세상에 속하였으면 세상이 자기의 것을 사랑할 것이나 너희는 세상에 속한 자가 아니요 도리어 내가 너희를 세상에서 택하였기 때문에 세상이 너희를 미워하느니라…… 나를 미워하는 자는 또 내 아버지를 미워하느니라 내가 아무도 못한 일을 그들 중에서 하지 아니하였더라면 그들에게 죄가 없었으려니와 지금은 그들이 나와 내 아버지를 보았고 또 미워하였도다 그러나 이는 그들의 율법에 기록된 바 그들이 이유 없이 나를 미워하였다 한 말을 응하게 하려 함이라 내가 아버지께로부터 너희에게 보낼 보혜사 곧 아버지께로부터 나오시는 진리의 성령이 오실 때에 그가 나를 증언하실 것이요 너희도 처음부터 나와 함께 있었으므로 증언하느니라(요 15 : 18-27)

그가 와서 죄에 대하여, 의에 대하여, 심판에 대하여 세상을 책망하시리라 죄에 대하여라 함은 그들이 나를 믿지 아니함이요 의에 대하여라 함은 내가 아버지께로 가니 너희가 다시 나를 보지 못함이요 심판에 대하여라 함은 이 세상 임금이 심판을 받았음이라(요 16 : 8-11)

요한복음이 기록된 주후 80년대 말과 90년대에는 그리스도인들이 한편으로는 유대인들로부터, 다른 한편으로는 로마로부터 박해를 당하고 있었다. 유대인들은 예수님을 메시아, 즉 그리스도라고 부른 것 때문에, 로마인들은 황제를 가리키는 '주'(κύριος)를 예수님께만 적용하는 것 때문에 그리스도인들을 박해했다. 요한복음에서는 예수님과 그리스도인들을 미워하고 박해하는 로마와 유대인들을 가리켜 '세상'이라고 부른다. 특히 그리스도인들을 박해하는 유대 종교지도자들은 하나님을 대적하는 세상을 대변한다. '유대인'은 (예수님과 많은 그리스도인이 유대인이었음에도 불구하고) 예수님과 그리스도인들을 박해하는 자들을 일컫는 명칭이다. 요한복음 15 : 25에서 예수님은 "그들의 율법에 기록된 바 그들이 이유 없이 나를 미워하였다."고 말씀하신다. 유대인들의 경전인 구약성서의 율법(사실은 율법서가 아니고 시편 35 : 19, 69 : 4이다.)에 기록된 바와 같이 유대인들이 예수님을 이유 없이 미워했다는 말씀이다.

요한복음이 기록된 주후 80~90년대에 예수님을 그리스도와 하나님의 아들로 믿은 그리스도인들은 유대교 회당으로부터 출교당했다. 이것은 유대 사회로부터 추방되는 것을 의미했다. 본문에서 예수님은 잡히시던 날 밤에 제자들에게, 장차 그들이 예수님을 따르는 까닭에 세상에서 미움을 당할 것이라고 말씀하신다. "세상이 너희를 미워하면 너희보다 먼저 나를 미워한 줄을 알라"(요 15:18). 왜 세상이 예수님을 따르는 제자들을 미워하는가? 예수님은 말씀하신다. "너희가 세상에 속하였으면 세상이 자기의 것을 사랑할 것이나 너희는 세상에 속한 자가 아니요 도리어 내가 너희를 세상에서 택하였기 때문에 세상이 너희를 미워하느니라"(요 15:19). 예수님의 제자들이 세상으로부터 미움을 당하는 까닭은 그들이 세상에 속하지 않고, 예수님에게 택함을 받아 그분께 속했기 때문이다.

예수님은 세상, 즉 유대인들의 죄에 대해 말씀하신다. "내가 와서 그들에게 말하지 아니하였더라면 죄가 없었으려니와 지금은 그 죄를 핑계할 수 없느니라 나를 미워하는 자는 또 내 아버지를 미워하느니라 내가 아무도 못한 일을 그들 중에서 하지 아니하였더라면 그들에게 죄가 없었으려니와 지금은 그들이 나와 내 아버지를 보았고 또 미워하였도다"(요 15:22-24). 유대인들의 죄는 무엇인가? 예수님이 그들에게 하나님의 말씀을 가르치시고, 하나님의 일을 행하심으로써 하나님을 보여 주셨음에도 불구하고 예수님을 미워한 것이다. 예수님을 미워하는 것은 곧 예수님을 보내신 하나님 아버지를 미워하는 것이다. 바로 이것이 유대인들, 즉 세상의 죄였다.

예수님은 이제 보혜사, 즉 진리의 성령을 보내실 것이라고 말씀하신다. 이 진리의 성령이 오셔서 예수님을 증언할 것이다. "내가 아버지께로부터 너희에게 보낼 보혜사 곧 아버지께로부터 나오시는 진리의 성령이 오실 때에 그가 나를 증언하실 것이요"(요 15 : 26). '보혜사'의 헬라어 '파라클레토스'(παράκλητος)는 '옆에서 돕는 자'란 의미다. 보혜사 성령은 예수님을 대신해서 제자들, 그리고 그리스도인들을 도우신다. 예수님은 성령을 진리의 영이라고 말씀하신다. 성령이 예수님을 이유 없이 미워하고 십자가에 못 박은 세상의 잘못을 드러내고 책망하실 것이기 때문이다. 예수님은 진리의 성령이 오시면 "죄에 대하여, 의에 대하여, 심판에 대하여 세상을 책망하"(요 16 : 8)실 것이라고 말씀하신다. 그리고 이어서 그 의미를 설명하신다.

첫째, 예수님은 "죄에 대하여라 함은 그들이 나를 믿지 아니함이요"(요 16 : 9)라고 설명하신다. 진리의 성령이 책망하실 세상의 죄는 무엇인가? 그것은 하나님께로부터 오신 예수님을 영접하지 않고 이유 없이 미워한 것이다. 요한복음 저자는 서두에서 세상의 죄를 이렇게 표현했다. "세상은 그로 말미암아 지은 바 되었으되 세상이 그를 알지 못하였고 자기 땅에 오매 자기 백성이 영접하지 아니하였으나"(요 1 : 10-11). 세상이 죄 아래 있다는 증거는 세상이 예수님을 영접하지 않고 거부했다는 것이다. 진리의 성령이 오시면 그 실체를 밝히 드러내실 것이다.

둘째, 예수님은 "의에 대하여라 함은 내가 아버지께로 가니 너희가 다시 나를 보지 못함이요"(요 16:10)라고 설명하신다. 진리의 성령은 세상이 정의와 관련해서 잘못되었음을 드러내실 것이다. 세상, 특히 유대 종교지도자들은 스스로 자신들이 의롭다고 생각했다. 그러나 예수님이 "아버지께로 가셨다."는 것은 하나님께서 예수님을 의롭다고 판결하시고, 예수님을 미워하고 죽인 세상을 불의하다고 판결하심을 의미한다. 예수님이 십자가에서 죽임을 당하셨을 때 세상 사람들은 그분이 죄의 값으로 저주를 받았다고 생각했다. 그러나 진리의 성령은 예수님이 죄 없는 하나님의 아들로서 죄인들을 위해 대신 죽으셨음을 깨닫게 하신다. 이 십자가의 대속적 죽음에 인간을 구원하시는 하나님의 의가 나타났다. 예수님을 영접하고 믿는 자들은 이 의를 힘입어 죄 사함과 의롭다 함을 받는다.

셋째, 예수님은 "심판에 대하여라 함은 이 세상 임금이 심판을 받았음이라"(요 16:11)고 설명하신다. 진리의 성령은 세상의 심판이 잘못되었음을 입증하실 것이다. 여기서 심판이란 빌라도와 유대 종교지도자들이 죄 없는 예수님을 죄인으로 정죄하고 십자가에 못 박은 것을 말한다. 빌라도의 법정에서는 예수님이 죄인으로 선고받고 십자가에서 죽으셨다. 그러나 하나님의 법정에서는 빌라도와 유대인들이 죄인으로 심판받을 것이다. 세상 법정에는 그리스도인들이 피고로 서지만, 하나님의 법정에서는 세상이 피고로 심판받을 것이다.

예수님은 진리의 성령을 제자들에게 보내겠다고 약속하시면서 이렇게 말씀하셨다. "진리의 성령이 오시면 그가 너희를 모든 진리 가운데로 인도하시리니"(요 16:13). 그리고 그 약속대로 오순절에 제자들에게 성령이 임하셨다. 제자들은 진리의 영이신 성령의 내적 조명에 의해 비로소 예수님이 하신 말씀의 의미를 깨닫는다. 그것은 인간의 죄를 용서하고 의롭게 하시는 하나님의 의가 십자가에 나타났다는 사실이었다.

오순절 이후, 예수님을 믿는 그리스도인들 안에는 성령이 내주하신다. 성령은 보혜사로서 우리가 세상 죄와 의와 심판에 대해 올바르게 판단하도록 도우신다. 성령 안에서 그리스도인은 죄가 무엇이고 의가 무엇이고 참 심판이 무엇인지 올바로 깨닫는다. 죄는 하나님께로부터 오신 예수님을 미워하고 거부하는 것이다. 의는 하나님의 의이신 예수님을 믿고 따르는 것이다. 진정한 심판은 세상 법정에서 예수님이 피고로서 정죄받는 것이 아니라, 하나님의 법정에서 세상에 속한 사람들이 피고로서 유죄 선고를 받는 것이다.

예수님의 제자들처럼, 우리는 세상에 속하지 않고 예수님께 속한 사람들이다. 그러므로 우리가 예수님과 제자들처럼 세상의 미움을 받는 것은 이상한 일이 아니다. 오히려 우리가 세상에서 미움을 받지 않는다면 그것이 이상한 일이다. 예수님은 우리가 세상에 속했으면 세상이 우리를 사랑할 것이지만, 우리는 예수님이 세상에서 택한

자이기 때문에 세상의 미움을 받는다고 말씀하셨다(요 15:19). 세상에서 미움을 받는다는 것은 예수님께 그리고 하나님께 속해 있다는 증거다. 그것은 오히려 기뻐해야 할 일이다.

예수님은 진리의 성령이 자신을 증언하실 것이라고 말씀하시면서 아울러 "너희도 처음부터 나와 함께 있었으므로 증언하느니라"(요 15:27)라고 말씀하셨다. 그런데 예수님의 제자들만 예수님을 증언하도록 부르심을 받는 것이 아니라, 오늘 우리도 진리의 성령과 더불어 예수님을 증언하도록 부르심을 받는다. 증인이 된다는 것은 고난을 받는다는 것이다. 우리가 예수님을 증언하다가 세상에서 고난을 당한다면 그 자체가 복이요 영광이다. 그것은 바울의 말처럼 "그리스도의 남은 고난을…… 내 육체에 채우"(골 1:24)는 영광스러운 일이다.

모든 인간은 예외 없이 죽는다. 죽을 때 잘 죽는 것이 복이다. 웰빙(well-being)보다 웰다잉(well-dying)이 더욱 중요하다. 사람이 죽는 모습은 여러 가지다. 어떤 사람은 병들어 죽고, 어떤 사람은 교통사고로 죽고, 어떤 사람은 안 죽으려고 발버둥 치다가 죽는다. 그런데 하나님의 영광을 드러내기 위해 예수님의 이름으로 기꺼이 죽는다면 참으로 큰 복이 아닐 수 없다. 순교는 아무나 하는 것이 아니다. 하나님께서 가장 사랑하시는 사람에게만 순교의 잔이 주어진다. 바울은 "우리가 그와 함께 영광을 받기 위하여 고난도 함께 받아야 할 것이니라…… 현재의 고난은 장차 우리에게 나타날 영광과 비교

할 수 없도다"(롬 8:17-18)라고 말한다. 그는 복음을 전하다가 숱한 고난을 겪었다. 그는 인생의 말년에 전제, 즉 제사의식 때 제물 위에 부어지는 포도주처럼 자신을 주님께 온전히 드리는 인생을 살았다고 회고하면서, 이제 의로우신 재판장이신 하나님께서 자기에게 영광스러운 의의 면류관을 주실 것을 소망한다(딤후 4:6).

예수님은 우리가 세상에서 고난을 당할 때 두려워하지 말라고 말씀하신다. 예수님은 잡히시던 날 밤 두려움에 떠는 제자들에게 "너희는 근심하겠으나 너희 근심이 도리어 기쁨이 되리라"(요 16:20)고 말씀하신다. 그리고 여자가 출산할 때는 고통을 당하지만, 아기가 태어나면 그 고통을 다시 기억하지 않는다고 하시면서 "지금은 너희가 근심하나 내가 다시 너희를 보리니 너희 마음이 기쁠 것이요 너희 기쁨을 빼앗을 자가 없으리라"(요 16:22)고 말씀하신다. 출산의 고통은 새 생명 탄생의 기쁨으로 바뀐다. 마찬가지로 예수님과 복음을 위해 세상에서 우리가 겪는 근심과 고통은 천국에서 영광스런 잔치의 기쁨으로 바뀔 것이다. 예수님은 제자들과 마지막 만찬을 나누시면서 "내가 포도나무에서 난 것을 이제부터 내 아버지의 나라에서 새것으로 너희와 함께 마시는 날까지 마시지 아니하리라"(마 26:29)고 말씀하셨다. 마지막 만찬이 예수님과 제자들이 천국에서 다시 만나 함께 참여할 천국 잔치의 예표라는 약속이다. 이 종말론적 약속에 대한 소망을 새롭게 하는 것이 성만찬 예식의 본래 의미다.

복음을 증언하다 박해를 받고 순교하는 자리에서 스데반은 성령으로 충만하여 하늘을 우러러 하나님의 영광을 보았다. "스데반이 성령 충만하여 하늘을 우러러 주목하여 하나님의 영광과 및 예수께서 하나님 우편에 서신 것을 보고 말하되 보라 하늘이 열리고 인자가 하나님 우편에 서신 것을 보노라"(행 7:55-56). 복음을 위해 고난을 받고 죽임 당하는 스데반에게 하나님은 자신의 영광을 보여 주셨다. 그의 죽음은 참으로 영광스러웠다.

예수님과 복음 때문에 당하는 고난은 오히려 감사해야 할 복이다. 그런데 과연 우리는 세상에서 예수님 때문에 고난을 당하고 있는가? 우리는 세상에서 어떤 고난을 당하는가? 바울처럼 그리스도의 남은 고난을 우리 자신의 육체에 채우고 있는가? 세상에서 미움을 받기보다 오히려 칭송받기를 좋아하지 않는가? 우리는 예수님의 이름을 빌려 세상에서 자기 이름을 드러내고자 하지 않는가? 십자가를 앞세우고 십자군 전쟁을 벌였던 로마 교황처럼, 복음을 우리가 미워하는 세상의 적을 쳐부술 무기로 사용하고 있지는 않는가?

예수님이 세상으로부터 미움을 받고 죽임을 당한 까닭은 그분이 세상을 사랑하셨기 때문이라는 사실을 기억해야 한다. 예수님은 높은 자리에서 지배하기 위해서가 아니라 낮은 자리에서 섬기기 위해 세상에 오셨다. "인자가 온 것은 섬김을 받으려 함이 아니라 도리어 섬기려 하고 자기 목숨을 많은 사람의 대속물로 주려 함이니라"(마 20:28). 또한 자기를 낮추어 세상을 섬기고, 자기를 미워하는 자들을 끝까지 사랑하셨다. 예수님은 십자가에서 자기를 못 박는 자들을 위해 이렇게 기도하셨다. "아버지 저들을 사하여 주옵소서 자기들이 하는 것을 알지 못함이니이다"(눅 23 : 34). 이 기도는 왜 예수님의 십자가가 모든 사람의 죄 사함을 통한 하나님의 대속의 능력이 되는지를 증명한다.

우리가 예수님 때문에 세상에서 미움을 받고 고난을 당할 때, 우리는 예수님이 세상을 사랑하셨기에 세상의 미움을 받고 죽으셨다는 사실을 기억해야 한다. 또한 예수님이 자기를 미워하고 핍박하는 세상 사람들을 끝까지 용서하고 사랑하셨음을 기억해야 한다. 바울은 악을 악으로 갚지 말고 선으로 악을 이겨야 한다고 말한다. "아무에게도 악을 악으로 갚지 말고 모든 사람 앞에서 선한 일을 도모하라 할 수 있거든 너희로서는 모든 사람과 더불어 화목하라……. 원수 갚는 것이 내게 있으니 내가 갚으리라고 주께서 말씀하시니라 네 원수가 주리거든 먹이고 목마르거든 마시게 하라 그리함으로 네가 숯불을 그 머리에 쌓아 놓으리라 악에게 지지 말고 선으로 악을 이기라"(롬 12 : 17-21).

그러므로 세상이 우리를 미워할 때, 우리는 그 미움을 미움으로 갚지 말아야 한다. 미움을 미움으로, 악을 악으로 갚는 것은 결코 피로 얼룩진 보복의 악순환을 끊지 못한다. 우리는 사랑으로 미움을, 선으로 악을 이겨야 한다. 예수님의 부활은 사랑이 미움을, 선이 악을 반드시 이긴다는 사실을 하나님이 확증하신 사건이다. 사랑이 미움을, 선이 악을 이기는 곳에 하나님 나라가 현존한다. 왜냐하면 하나님 나라는 하나님의 사랑과 선의 통치가 이루어지는 나라이기 때문이다. 예수님과 복음을 위해 세상에서 미움과 고난을 받을 때, 오히려 하나님께 감사하기를 바란다. 우리는 다만 사랑으로 미움을, 선으로 악을 이김으로써 이 땅에 하나님 나라가 임하도록 해야 한다. 보혜사 성령께서 연약한 우리를 도우실 것이다.

영생의
복음

세상 중에서 내게 주신 사람들에게 내가 아버지의 이름을 나타내었나이다 그들은 아버지의 것이었는데 내게 주셨으며 그들은 아버지의 말씀을 지키었나이다 지금 그들은 아버지께서 내게 주신 것이 다 아버지로부터 온 것인 줄 알았나이다…… 내가 그들로 말미암아 영광을 받았나이다 나는 세상에 더 있지 아니하오나 그들은 세상에 있사옵고 나는 아버지께로 가옵나니 거룩하신 아버지여 내게 주신 아버지의 이름으로 그들을 보전하사 우리와 같이 그들도 하나가 되게 하옵소서 내가 그들과 함께 있을 때에 내게 주신 아버지의 이름으로 그들을 보전하고 지키었나이다…… 지금 내가 아버지께로 가오니 내가 세상에서 이 말을 하옵는 것은 그들로 내 기쁨을 그들 안에 충만히 가지게 하려 함이니이다 내가 아버지의 말씀을 그들에게 주었사오매 세상이 그들을 미워하였사오니 이는 내가 세상에 속하지 아니함 같이 그들도 세상에 속하지 아니함으로 인함이니이다 내가 비옵는 것은 그들을 세상에서 데려가시기를 위함이 아니요 다만 악에 빠지지 않게 보전하시기를 위함이니이다 내가 세상에 속하지 아니함 같이 그들도 세상에 속하지 아니하였사옵나이다 그들을 진리로 거룩하게 하옵소서 아버지의 말씀은 진리니이다 아버지께서 나를 세상에 보내신 것 같이 나도 그들을 세상에 보내었고 또 그들을 위하여 내가 나를 거룩하게 하오니 이는 그들도 진리로 거룩함을 얻게 하려 함이니이다(요 17:6-19).

요한복음 17장 전체는 예수님의 기도다. 십자가에 달려 돌아가시기 전날 밤에 제자들과 만찬을 나누고 강화의 말씀을 하신 예수님이 마지막 시간을 기도로 마무리하는 내용이다. 먼저 예수님은 자신을 위해 기도하시고(요 17:1-5), 다음에는 제자들을 위해 기도하시고(요 17:6-19), 마지막으로 세상을 위해 기도하셨다(요 17:20-26). 그중 본문은 제자를 위한 기도의 내용이다. 예수님이 사랑하는 제자들을 위해 "하나님, 이들이 이렇게 되기를 원합니다." 하고 기도하신 내용이므로, 오늘 예수님을 믿고 따르는 우리를 위한 기도도 된다. 그러므로 이 기도를 우리 자신을 위한 기도로 삼아야 한다. 그래야 예수님이 원하시는 참된 제자가 될 수 있다.

본문은 상 · 하반부로 나눌 수 있다. 상반부는 6~8절이고, 하반부는 9~19절이다. 상반부는 세 가지 내용으로 이루어져 있다. 첫째는 제자 됨의 조건, 둘째는 예수님께서 제자들에게 하신 일, 셋째는 제자의 자격 또는 자세이다.

먼저, 예수님은 6절에서 이렇게 기도하신다. "세상 중에서 내게 주신 사람들에게 내가 아버지의 이름을 나타내었나이다 그들은 아버지의 것이었는데 내게 주셨으며 그들은 아버지의 말씀을 지키었나이다." 예수님은 이 기도에서 제자 됨의 조건을 언급하신다. '내게 주신 사람들', '내게 주셨으며'라는 구절이 그것이다. 이 구절의 주어는 하나님이다. 즉, 하나님이 예수님에게 주신 사람이 제자라는 것이다. 이것은 하나님의 선택을 가리킨다. 예수님의 제자는 내가 원해서 되는 것이 아니라 하나님께서 나를 택하여 불러 주셔야 되는 것이다. 즉, 제자 됨의 조건은 인간의 선택이 아니라 하나님의 선택이다.

인간은 완악하고 교만해서 스스로 하나님을 선택할 수 없다. 우리가 하나님을 선택하는 것이 아니라 하나님께서 우리를 선택하신다. 하나님께서 우리를 선택하시며, 우리의 완악하고 교만한 마음을 쳐서 겸손하게 하시고, 하나님을 믿을 수 있는 믿음을 주신다. 이것이 하나님의 은혜다. 더욱이 예수님의 제자가 되고 하나님 나라의 일꾼이 되는 것은 우리가 원하기 때문이거나, 우리 안에 어떤 선한 것이 있어서 자격을 갖추었기 때문도 아니다. 예수님의 제자가 되는 것은 전적으로 하나님께서 은혜로 택하고 불러 주심에 의한 것이다.

하나님께서 아브라함을 부르셔서 믿음의 조상, 복의 근원이 되도록 선택하신 것은 전적으로 하나님의 은혜에 의해서였다. 그는 현재 이라크 영토인 '갈대아 우르'라는 메소포타미아 지역에 살던 아람족이었다. 하나님의 부르심을 받기 전까지 그는 우상을 섬기며 살던 이방인에 불과했다. 물론 그에게 훌륭한 점도 있었지만, 그것 때문에 하나님의 선택을 받은 것은 아니다. 본래 이름이 아브람이던 그는 우리와 마찬가지로 결함이 있는 사람이었다. 그는 목숨을 구하기 위해 애굽 왕 바로에게 자기 아내를 누이라고 속이고 내어 줄 만큼 비겁했다. 그러나 하나님께서는 아브람을 택하여 아브라함이 되게 하시고, 믿음의 조상, 복의 근원이 되게 하셨다.

하나님께서 우리를 예수님의 제자로 불러 주신 것도 마찬가지다. 결코 우리가 다른 사람보다 더 의롭거나 선해서가 아니라, 은혜로 우리를 택하신 것이다. 하나님은 어리석고 미련하고 연약하고 허물 많은 내 모습을 다 아시면서 나를 불러 주셨다. 하나님 앞에서는 아무것도 숨길 수 없다. 하나님께서는 우리의 부끄러운 모습을 다 아시면서도 있는 그대로 받아 주시고 예수님의 제자로 삼으신다. 그러므로 하나님께서 우리를 부르실 때 우리는 있는 모습 그대로를 하나님께 내어 놓아야 한다.

예수님은 학식이 많고 똑똑한 엘리트들을 제자로 부르시지 않았다. 제자들은 대부분 갈릴리 호수에서 고기를 잡던 어부, 사람들로부터 경멸을 받던 세리 등 학식도 없고 미천한 신분인 사람들이었다. 그러나 하나님은 미천하고 보잘것없는 그들을 예수님의 제자로 불러 세상을 변화시키고 이 땅에 하나님 나라를 확장하는 위대한 사도로 만드셨다. 오늘도 하나님은 미천하고 보잘것없는 우리를 예수님의 제자로 부르시고 연단시켜서 하나님 나라의 일꾼으로 만들어 가신다.

예수님이 제자들에게 하신 기도 상반부의 두 번째 내용은 그들에게 하나님의 이름을 나타내신 일이다. 예수님은 "세상 중에서 내게 주신 사람들에게 내가 아버지의 이름을 나타내었나이다"(요 17:6)라고 기도하신다. 우리 하나님의 이름은 '여호와'다. 모세가 호렙 산에서 하나님의 이름을 물었을 때, 하나님이 친히 알려 주신 이름이다. '여호와'는 '스스로 있는 자', '나는 나다'(I am who I am)라는 뜻이다. 이 이름은 하나님이 자존자(自存者), 즉 세상 피조물과 달리 존재의 원인을 자신 안에 가지신 분임을 의미한다. 이스라엘 사람들은 거룩한 이름인 '여호와'를 부주의하게 부르는 불경죄를 범하지 않기 위해서 '주님'을 의미하는 '아도나이'라는 명칭을 주로 사용했다.

예수님이 제자들에게 아버지의 이름을 나타내셨다는 말은, 하나님이 어떤 분인지를 분명히 보여 줌으로써 그들로 하여금 하나님을 인격적으로 만나게 하셨다는 의미이다. 우리는 예수님의 이름으로 하나님 앞에 나아간다. 예수님의 제자가 된다는 것은 예수님을 통해 살아 계신 하나님을 만나고, 하나님과 인격적으로 교제하며, 하나님과 동행하는 것을 의미한다. 하나님은 멀리 하늘에 계실 뿐 아니라 우리 곁에, 그리고 우리 안에 계시면서 우리와 동행하신다. 이렇게 사는 것이 제자의 놀라운 특권이다.

셋째로, 예수님의 기도 상반부에는 제자의 자격에 관한 내용이 나타난다. 예수님은 이렇게 기도하셨다. "나는 아버지께서 내게 주신 말씀들을 그들에게 주었사오며 그들은 이것을 받고 내가 아버지께로부터 나온 줄을 참으로 아오며 아버지께서 나를 보내신 줄도 믿었사옵나이다"(요 17:8). '이것을 받고', '내가 아버지께로부터 나온 줄을 참으로 아오며', '아버지께서 나를 보내신 줄도 믿었사옵나이다' 라는 표현들이 그것이다. 제자는 받고, 알고, 믿어야 한다.

제자는 주님의 말씀을 받아야 한다. 예수님의 말씀을 받아들이지 않으면 제자가 될 수 없다. 학교에서 선생님의 가르침을 받아들이지 않으면 결코 좋은 학생이 될 수 없는 것과 같다. 독일에는 개인교수(tutorial) 전통이 강하게 남아 있다. 그래서 제자가 지도 교수의 가르침을 받아들이는 것은 물론 눈 깜박이는 습관까지 따라 한다는 속설이 있다. 예수님의 제자는 주님의 말씀을 받아들여 가슴 깊이 간직하고, 늘 그 말씀대로 살고자 애써야 한다.

또한 제자는 알아야 한다. 그리고 믿어야 한다. 무엇을 알고 무엇을 믿어야 하는가? 무엇보다 예수님이 하나님께로부터 오신 주님인 것을 알고 믿어야 한다. 그러지 않으면 결코 예수님의 제자가 될 수 없다. 유대인들은 예수님이 하나님께로부터 오신 것을 믿지 않고, 오히려 예수님과 그분을 믿는 사람들을 박해했다.

예수님은 하나님께로부터 오셨다. 그러므로 예수님을 아는 것이 하나님을 아는 것이며, 예수님을 믿는 것이 하나님을 믿는 것이다. 예수님은 "너희가 나를 알았더라면 내 아버지도 알았으리로다 이제부터는 너희가 그를 알았고 또 보았느니라"(요 14 : 7)라고 말씀하셨다. 빌립이 하나님을 보여 달라고 말했을 때는 "나를 본 자는 아버지를 보았거늘 어찌하여 아버지를 보이라 하느냐"(요 14 : 9)고 반문하셨다. 우리는 제자로서 예수님이 하나님 아버지로부터 오신 주님이심을 분명히 알고 믿어야 한다. 그러할 때 예수님의 참 제자가 되고, 참된 하나님 나라의 일꾼이 될 수 있다.

본문의 하반부인 9~19절에는 사랑하는 제자들을 위한 예수님의 간절한 기도가 나타난다. 그 내용은 네 가지로 나눌 수 있다. 첫째는 감사의 기도다. 예수님은 하나님께서 제자들을 자신에게 주신 것을 감사드리고 있다. "내가 그들을 위하여 비옵나니 내가 비옵는 것은 세상을 위함이 아니요 내게 주신 자들을 위함이니이다 그들은 아버지의 것이로소이다"(요 17 : 9). 뿐만 아니라 예수님은 제자들로 인해 자신이 영광을 받았다고 감사하신다. "내 것은 다 아버지의 것이요 아버지의 것은 내 것이온데 내가 그들로 말미암아 영광을 받았나이다"(요 17 : 10).

사실 지난 3년 동안 제자들은 예수님의 속을 무던히도 썩였다. 그들은 늘 자기를 드러내려고 애썼으며, 종종 누가 높으냐를 두고 서로 다투었다. 심지어 가룟 유다는 예수님을 배반하고, 대적자들에게 팔아넘겼다. 예수님이 대적자들에게 붙잡히자 제자들은 뿔뿔이 도망쳤고, 수제자인 베드로도 세 번이나 예수님을 부인했다. 예수님은 이러한 모든 일을 경험하고 또 앞으로를 내다보시면서도 제자들로 인해 하나님께 감사드리셨다. 어리석고 무지한 자들이지만, 하나님께서 저들을 자신에게 이끄신 것, 그들이 직업도 가족도 다 버리고 지난 3년간 함께 하나님 나라 사역에 동참한 것, 그리고 그들을 통해 결국 자신이 십자가를 지심으로 영광을 받게 된 것을 감사하신다.

아무 칭찬받을 것 없는 부족한 제자들로 인해 하나님께 감사를 드리신 것은, 예수님이 그들을 깊이 사랑하셨기 때문이다. 사랑하는 마음은 상대방의 허물이 아니라 긍정적이고 좋은 면만을 보고, 그로 인해 하나님께 감사를 드린다. 이러한 감사는 놀라운 역사를 불러일으킨다. 예수님이 제자들로 인해 하나님께 감사하신 대로, 제자들은 예수님이 세상을 떠나신 후에 그분의 뒤를 따라 고난과 순교를 당함으로써 하나님께 영광을 돌렸다.

둘째로 예수님은 제자들을 위해 다음과 같이 기도하신다. "거룩하신 아버지여 내게 주신 아버지의 이름으로 그들을 보전하사 우리와 같이 그들도 하나가 되게 하옵소서"(요 17:11). 먼저 예수님은 '그들을 보전하사'라고 기도하신다. 제자들의 앞날에 여러 가지 어려운 상황이 닥쳐올 텐데, 그 가운데서 그들을 지켜 달라는 간구이다. 또한 예수님은 "내가 그들과 함께 있을 때에 내게 주신 아버지의 이름으로 그들을 보전하고 지키었나이다"(요 17:12)라고 기도하신다. 예수님은 '아버지의 이름으로' 제자들을 지키셨다. 다시 말하면 예수님은 하나님의 명예를 걸고 저들을 지키셨다. 그러므로 이제 하나님께서 하나님의 명예를 걸고 저들을 지켜 달라는 것이다. 여기서 지켜 달라는 말은 하나님께서 친히 저들을 붙들어 세상의 모든 시험을 이기게 해 달라는 뜻이다. 오늘도 예수님은 우리를 제자로 부르시고, 세상의 모든 시험에서 지켜 달라고 하나님께 기도하신다. 예수님은 제자들에게 "시험에 들지 않게 깨어 기도하라"(마 26:41)고 하셨다. 깨어 기도하지 않으면 시험에 들 수밖에 없다. 그러므로 우리는 늘 깨어서, 예수님이 기도하신 것처럼 시험에서 지켜 달라고 기도해야 한다.

이어서 예수님은 "그들도 하나가 되게 하옵소서."라고 기도하신다. 이것은 예수님이 하나님과 하나가 된 것처럼 제자들도 하나님과 하나가 되게 해 달라는 기도이다. 또한 하나님 안에서 제자들이 서로 하나가 되게 해 달라는 기도이기도 하다. 제자들은 하나가 되지 못해 왔다. 그들 안에는 경쟁과 다툼이 있었다. 그러므로 예수님은 제자들이 하나가 되게 해 달라고 기도하셨다. 이 기도는 또한 우리의 기도여야 한다. 제자로 부르심을 받은 우리가 서로 하나가 되게 해 달라고 기도하자. 한국 교회의 가장 큰 병폐는 극심한 분열이다. 우리는 세상에 화해의 복음을 전하기 전에 먼저 교회 안에서 하나됨을 회복해야 한다. 그러므로 우리는 하나되게 해 달라고 기도해야 한다.

예수님이 제자들을 위해 하신 세 번째 기도는 예수님의 기쁨을 제자들에게 충만하게 해 달라는 간구이다. "지금 내가 아버지께로 가오니 내가 세상에서 이 말을 하옵는 것은 그들로 내 기쁨을 그들 안에 충만히 가지게 하려 함이니이다"(요 17:13). 예수님은 우리가 늘 기쁨 안에 살기를 원하신다. 또한 자신의 기쁨을 우리에게 주기 원하신다. 우리가 어떠한 어려운 상황에 처해 있더라도 슬퍼하고 괴로워하며 사는 것은 결코 예수님이 원하시는 바가 아니다. 예수님은 그분의 기쁨을 우리에게 주어, 우리 안에 기쁨이 충만하게 되기를 원하신다. 예수님을 따르는 것은 결코 슬프거나 괴로운 일이 아니다. 찬송가 430장의 가사 "주와 같이 길 가는 것 즐거운 일 아닌가!"처럼 주님과 동행하는 것은 참으로 기쁘고 즐거운 일이다.

그런데 어떻게 해야 우리 안에 예수님의 기쁨이 충만할 수 있는가? 예수님은 이렇게 말씀하신다. "내가 아버지의 계명을 지켜 그의 사랑 안에 거하는 것 같이 너희도 내 계명을 지키면 내 사랑 안에 거하리라 내가 이것을 너희에게 이름은 내 기쁨이 너희 안에 있어 너희 기쁨을 충만하게 하려 함이라"(요 15:10-11). 예수님이 하나님의 계명을 지켜 하나님의 사랑 안에 거하신 것처럼, 우리도 예수님의 계명을 지켜 예수님의 사랑 안에 거하는 것이다. 예수님의 계명은 무엇인가? 우리가 서로 사랑하는 것이다. 예수님은 "내 계명은 곧 내가 너희를 사랑한 것 같이 너희도 서로 사랑하라 하는 이것이니라"(요 15:12)라고 말씀하셨다. 그러므로 우리는 서로 사랑하라는 예수님의 계명을 지킴으로써 예수님의 사랑 안에 거해야 한다. 바로 이것이 우리 안에 예수님의 기쁨이 충만하도록 하는 길이다. 사랑이 기쁨의 원천이다. 사랑하라. 그러면 기쁨이 넘칠 것이다.

제자들을 위한 예수님의 마지막(네 번째) 기도는 그들이 악에 빠지지 않게 해 달라는 것이다. "내가 비옵는 것은 그들을 세상에서 데려가시기를 위함이 아니요 다만 악에 빠지지 않게 보전하시기를 위함이니이다"(요 17 : 15). 이 마지막 기도에는 제자들을 남겨 두고 떠나는 예수님의 애틋한 마음이 녹아 있다. 자신이 떠난 후에 세상에서 숱한 어려운 일들을 당할 그들을 내다보시면서, 제자들이 세상에서 악에 빠지지 않게 해 달라고 간구하신 것이다.

악에 빠지지 않는 길은 의지력에 있지 않다. 그것은 진리로 거룩하게 되는 데 있다. 그래서 예수님은 "그들을 진리로 거룩하게 하옵소서"(요 17 : 17)라고 기도하신다. 진리로 거룩하게 되는 것이 세상의 악을 물리치는 길이다. 바울도 우리의 싸움이 "혈과 육을 상대하는 것이 아니요 통치자들과 권세들과 이 어둠의 세상 주관자들과 하늘에 있는 악의 영들을 상대함이라"(엡 6 : 12)고 말했다. 그는 우리가 영적 싸움에서 이기려면 진리의 허리띠, 복음의 신, 믿음의 방패, 구원의 투구, 성령의 검, 즉 하나님의 말씀으로 무장하고 항상 성령 안에서 기도해야 한다고 말한다. 이것이 우리가 세상의 악에 빠지지 않고 악을 이기는 길이다.

예수님은 오늘도 우리를 제자로 부르시고, 우리를 시험에서 지켜 달라고 기도하신다. 그리고 하나님과 하나가 되고 서로 하나가 되도록 해 달라고 기도하신다. 또한 예수님은 우리가 사랑함으로 기쁨이 충만하게 해 달라고 기도하신다. 그리고 마지막으로 우리가 "악에 빠지지 않게 보전해 주시기"를 기도하신다. 예수님의 기도를 우리의 기도로 삼아 시험을 이기고, 하나님과 하나가 될 뿐만 아니라 서로 하나가 되고, 사랑함으로 기쁨이 충만하고, 자신을 진리로 거룩하게 함으로써 세상의 악을 이기는 제자들이 되기를 기원한다. 보혜사 성령께서 우리를 도우실 것이다.

그들이 조반 먹은 후에 예수께서 시몬 베드로에게 이르시되 요한의 아들 시몬아 네가 이 사람들보다 나를 더 사랑하느냐 하시니 이르되 주님 그러하나이다 내가 주님을 사랑하는 줄 주님께서 아시나이다 이르시되 내 어린 양을 먹이라 하시고 또 두 번째 이르시되 요한의 아들 시몬아 네가 나를 사랑하느냐 하시니 이르되 주님 그러하나이다 내가 주님을 사랑하는 줄 주님께서 아시나이다 이르시되 내 양을 치라 하시고 세 번째 이르시되 요한의 아들 시몬아 네가 나를 사랑하느냐 하시니 주께서 세 번째 네가 나를 사랑하느냐 하시므로 베드로가 근심하여 이르되 주님 모든 것을 아시오매 내가 주님을 사랑하는 줄을 주님께서 아시나이다 예수께서 이르시되 내 양을 먹이라 내가 진실로 진실로 네게 이르노니 네가 젊어서는 스스로 띠 띠고 원하는 곳으로 다녔거니와 늙어서는 네 팔을 벌리리니 남이 네게 띠 띠우고 원하지 아니하는 곳으로 데려가리라 이 말씀을 하심은 베드로가 어떠한 죽음으로 하나님께 영광을 돌릴 것을 가리키심이러라 이 말씀을 하시고 베드로에게 이르시되 나를 따르라 하시니(요 21 : 15-19)

이끌림

성경에는 많은 인물이 등장한다. 그중 베드로는 특히 흥미로운 인물이다. 베드로는 예수님의 수제자로 잘 알려져 있다. 그는 이성적이고 합리적이기보다 다혈질에, 성미가 급하고, 실수도 많이 하는 사람이었다. 그러나 매사에 앞장서는 적극성과 충직함을 가지고 있었으며, 자신의 잘못을 인정하고 돌이킬 줄 아는 사람이었다. 이 때문에 예수님은 그를 수제자로 삼으신 것 같다.

베드로의 인생은 매우 극적인 반전을 보여 준다. 그의 인생은 스스로 목표를 세우고 그리로 달려간 인생이 아니었다. 자신이 주도권을 가지고 계획하며 성취한 인생도 아니었다. 오히려 그가 주도권을 가지고 행하는 일마다 실패로 끝났다. 베드로의 인생은 이끄심을 받고, 이끌려 간 인생이었다. 거기에 베드로의 인생이 성공한 비결이 있었다. 물론 이 성공은 세상에서 출세하는 것 같은 성공은 아니다. 오히려 세상의 눈으로 볼 때는 실패처럼 보이는 것이었다. 그러나 그는 진정한 의미에서 성공한 인생을 살았다. 하나님 나라의 일꾼으로, 하나님께 영광을 돌리는 복된 인생을 산 것이다.

베드로의 복된 인생은 예수님을 만나 부르심을 받는 사건으로부터 시작되었다. 베드로는 갈릴리 해변에서 고기를 잡기 위해 그물을 던지다가 예수님을 만났다. 베드로가 예수님을 찾아간 것이 아니라 예수님이 베드로를 찾아오셨다. 예수님은 그에게 "나를 따라오라 내가 너희를 사람을 낚는 어부가 되게 하리라"(마 4 : 19)고 말씀하셨다. 이 말씀을 들은 베드로는 모든 것을 버려 두고 예수님을 따랐다. 누가복음은 이 사건을 좀 더 극적으로 자세히 묘사한다. 누가복음에 따르면, 예수님은 베드로의 배를 빌려 배에서 육지에 있는 무리에게 말씀을 전하신 후에, 베드로에게 깊은 데로 가서 그물을 내리라고 말씀하셨다. 이에 베드로가 "선생님 우리들이 밤이 새도록 수고하였으되 잡은 것이 없지마는 말씀에 의지하여 내가 그물을 내리리이다"(눅 5 : 5) 하고 그 말씀대로 했다. 그랬더니 그물이 찢어질 정도로 고기가 많이 잡혔다. 예수님은 베드로에게 "이제부터 너는 사람을 낚는 어부가 될 것이다"(마 4 : 19, 눅 5 : 10)라고 말씀하시면서 그를 제자로 부르신다. 이에 베드로는 함께 고기를 잡던 야고보와 요한과 같이 모든 것을 버려 두고 예수님을 따라갔다.

예수님의 하나님 나라 운동은 대부분 갈릴리 지방을 중심으로 이루어졌다. 처음에는 많은 사람이 예수님께 나아왔지만, 점차 하나둘씩 예수님 곁을 떠나갔다. 그들은 이스라엘을 회복시켜 줄 왕, 즉 메시아를 기대했는데, 점차 그들의 기대가 실망으로 바뀌었기 때문이었다. 그래서 예수님은 남은 제자들에게 이렇게 물으셨다. "너희도 가려느냐?" 이 물음에 베드로가 대답했다. "영생의 말씀이 주께 있사오니 우리가 누구에게로 가오리이까?"(요 6 : 68) 이 대답에 충직한 제자 베드로의 모습이 잘 나타난다.

사람들이 점차 예수님을 떠나고 핍박이 가중되는 상황에서, 예수님의 하나님 나라 운동은 전환점을 맞았다. 예수님은 갈릴리에서의 활동을 마감하고 예루살렘으로 올라가기로 결심하셨다. 하나님 나라 운동의 결말을 낼 때가 이른 것이다. 예루살렘으로 올라가기 전, 예수님은 마지막으로 제자들을 가이사랴 빌립보로 불러 물으셨다. "사람들이 나를 누구라고 하느냐?"(막 8 : 27) 제자들은 대답했다. "세례 요한이라 하고 더러는 엘리야, 더러는 선지자 중의 하나라 하나이다"(막 8 : 28). 예수님은 또 물으셨다. "너희는 나를 누구라 하느냐?" 그때 베드로가 대답했다. "주는 그리스도시니이다"(막 8 : 29. 마가복음보다 후에 기록된 마태복음에서는 "주는 그리스도시요 살아 계신 하나님의 아들이시니이다"〈마 16 : 16〉라고 고백한다.)

예수님은 베드로의 고백을 칭찬하신 후에 이제 자신이 예루살렘으로 올라가면 많은 고난을 받고 죽임을 당할 것이라고 말씀하셨다. 베드로가 그러한 일이 결코 없을 것이라고 항변하자, 예수님은 "사탄아 내 뒤로 물러가라 네가 하나님의 일을 생각하지 아니하고 도리어 사람의 일을 생각하는도다"(막 8 : 33)라고 하시면서 그를 심하게 꾸짖으셨다. 그리고 제자들에게 이렇게 말씀하셨다. "누구든지 나를 따라오려거든 자기를 부인하고 자기 십자가를 지고 나를 따를 것이니라 누구든지 자기 목숨을 구원하고자 하면 잃을 것이요 누구든지 나와 복음을 위하여 자기 목숨을 잃으면 구원하리라"(막 8:34-35).

베드로는 예수님을 '그리스도'라고 고백했다. 그리스도(크리스토스)는 히브리어 '메시아'를 헬라어로 번역한 것이다(베드로는 히브리어 계통이며 당시에 대중 언어이던 아람어를 사용했을 것이다). 메시아는 기름 부음을 받은 왕을 의미한다. 그러므로 베드로가 예수님을 그리스도라고 고백한 것은 왕으로서의 메시아를 의미했다. 그는 예수님이 예루살렘으로 올라가셔서 왕이 되실 것이라고 생각했다. 다른 제자들의 생각도 마찬가지였다. 야고보와 요한은 예수님이 왕이 되시면 자기들 가운데 하나는 오른편에, 다른 하나는 왼편에 앉게 해 달라고 부탁하기도 했다(막 10:35-37. 마 20:20-21에는 그들의 어머니가 예수님께 와서 이같이 요청한 것으로 기록되어 있다). 다른 제자들은 이 이야기를 듣고 두 형제에게 분노했다. 왕이 되실 예수님을 가운데 두고 제자들 사이에 때 이른 권력 암투가 벌어지고 있던 것이다.

예수님이 그리스도라는 베드로의 신앙고백이 잘못된 것은 아니지만, 베드로는 그것의 진정한 의미, 즉 예수님의 메시아 되심이 어떤 의미인지 올바로 알지 못했다. 그는 당시 유대인들처럼 메시아가 세상 권세로 통치하는 왕이라고 생각했다. 그러나 예수님은 그렇게 생각하지 않으셨다. 그분은 자신이 예루살렘으로 올라가면 왕이 되기는커녕 오히려 고난을 받고 죽임 당할 것을 예견하셨다. 그리고 그것이 많은 사람에게 구원을 가져다 줄 것이라고 믿으셨다. 예수님은 왕으로서 다른 사람 위에 군림하기 위해서가 아니라, 오히려 종으로서 섬기고 자기 목숨을 많은 사람을 위한 대속물로 내어 주기 위해 세상에 오셨다고 말씀하셨다. "인자가 온 것은 섬김을 받으려 함이 아니라 도리어 섬기려 하고 자기 목숨을 많은 사람의 대속물로 주려 함이니라"(마 20:28).

대적자들에게 잡히시기 전날 밤에 제자들과 가진 마지막 만찬 자리에서 예수님은 "너희가 다 나를 버리리라"(막 14:27)고 말씀하셨다. 이때 베드로가 나서면서 "다 버릴지라도 나는 그리하지 않겠나이다"(막 14:29)라고 맹세했다. 그러나 예수님은 "오늘 이 밤 닭이 두 번 울기 전에 네가 세 번 나를 부인하리라"(막 14:30)고 말씀하셨다. 그러자 베드로는 다시 "내가 주와 함께 죽을지언정 주를 부인하지 않겠나이다"(막 14:31)라고 거듭 맹세했다. 그러나 우리가 잘 아는 바와 같이 베드로는 예수님이 예언하신 대로 그날 밤 한 여종 앞에서 세 번이나 예수님을 부인했으며, 세 번째에는 예수님을 저주하기까지 하면서 "나는 그 사람을 알지 못하노라." 하고 맹세했다. 두 번째 닭이 울자, 베드로는 예수님이 하신 말씀을 생각하고 밖에 나가 심히 통곡했다. 다른 사람은 다 예수님을 버려도 자신은 그러지 않겠다던 그는 이처럼 철저히 실패했다. 이 얼마나 부끄러운 모습인가?

왕이 되실 것으로 기대하던 예수님이 허무하게 십자가에 달려 돌아가시자, 베드로와 제자들은 낙심하고 뿔뿔이 흩어졌다. 모든 것이

끝났다. 베드로는 다른 몇 제자들과 함께 어부의 생활로 돌아가고자 해서 갈릴리로 갔다. 그러나 밤새도록 그물을 내려도 아무것도 잡을 수 없었다. 그때 부활하신 예수님이 다시 베드로를 찾아오셨다. 예수님의 말씀대로 그물을 배 오른편에 던졌더니, 그물을 들 수 없을 정도로 많은 물고기가 잡혔다. 이 장면은 베드로가 처음 예수님의 부르심을 받을 때와 동일하다. 베드로는 부활하신 예수님에게 똑같은 방식으로 다시 부르심을 받는다.

본문은 부활하신 예수님이 고기를 잡던 베드로와 제자들을 다시 찾아오셔서 대화하시는 내용이다. 예수님은 베드로에게 "네가 나를 사랑하느냐?" 하는 질문을 세 번 반복하신다. 아마도 베드로가 예수님을 세 번 부인했기 때문인지도 모른다. 예수님의 질문에 베드로는 주님을 사랑한다고 고백한다. 그럼에도 예수님이 거듭해서 물으시자, 베드로는 근심하면서 "주님 모든 것을 아시오매 내가 주님을 사랑하는 줄을 주님께서 아시나이다"(요 21 : 17)라고 세 번째로 대답한다. 그러자 예수님은 "내 양을 먹이라."고 말씀하시고, 이어서 "내가 진실로 진실로 네게 이르노니 네가 젊어서는 스스로 띠 띠고 원하는 곳으로 다녔거니와 늙어서는 네 팔을 벌리리니 남이 네게 띠 띠우고 원하지 아니하는 곳으로 데려가리라"(요 21 : 18)고 말씀하신다.

요한복음 저자는 이 말씀에 이렇게 설명을 덧붙였다. "이 말씀을 하심은 베드로가 어떠한 죽음으로 하나님께 영광을 돌릴 것을 가리키심이러라"(요 21 : 19). 베드로는 주후 60년대에 기독교 박해가 한

창 극심할 때 로마에서 순교했다고 전해진다. 그는 박해를 피해 로마를 탈출하는 길에 예수님을 만났다. 그가 "주여 어디로 가시나이까?"(쿼바디스 도미네) 하고 물으니, 예수님은 "내가 다시 십자가에 달려 죽기 위해 로마로 간다."고 대답하셨다. 이 말씀을 들은 베드로는 다시 발길을 돌려 로마로 돌아갔다. 그리고 십자가에 거꾸로 매달려 죽임을 당했다고 전해진다. 베드로가 로마에서 순교한 것이 주후 60년대이고 요한복음이 쓰여진 것이 주후 90~100년경이므로, 이미 요한복음의 저자는 베드로가 어떠한 죽음을 당했는지 잘 알았을 것이다. 그러나 요한복음 저자는 베드로의 죽음이 비극적인 죽음이 아니라, 하나님께 영광을 돌리는 영광스런 죽음이라고 말한다. 베드로의 인생은 영광스런 죽음으로 마쳐졌다.

우리는 베드로의 인생을 돌아보면서, 그가 하나님께 붙들려 이끌려 살았다는 사실을 확인하게 된다. 예수님은 평생 어부로 살았을 베드로를 찾아오셨다. 그리고 그를 사람을 낚는 어부, 하나님 나라의 일꾼으로 불러 주셨다. 베드로는 뛰어난 인물이 아니었고 인간적인 약점이 많았다. 바울처럼 교육을 잘 받은 지식인도 아니었다. 그는 예수님의 수제자였으면서도, 짧은 베드로전·후서 외에는 변변한 글을 남기지 못했다(베드로전·후서도 베드로가 직접 쓴 글이 아니라 실라가 받아 적은 글일 것이다). 그는 종종 실수를 범했으며, 예수님으로부터 심한 책망도 들었다. 그는 예수님을 그리스도라고 고백했지만, 그 의미를 올바로 알지 못했다. 그는 예수님이 세상적인 왕이 될 것으로 기대했으나, 그것은 산산조각 났다. 그는 예수님이 잡히시던 날 밤에 세 번이나 예수님을 부인했다. 예수님이 십자가에 달리시던 골고다 언덕에서 그의 모습은 보이지 않았다.

그러나 부활절 이후에 예수님은 베드로를 다시 찾아오셨다. 그리고 그에게 왜 나를 부인했느냐고 추궁하거나 책망하지 않고, 단지 "네가 나를 진정으로 사랑하느냐?" 하고 세 번 물으셨다. 예수님은 자신을 향한 베드로의 사랑을 확인하시고 그에게 "내 양을 먹이라." 고 말씀하셨다. 그리고 "네가 젊어서는 네 마음대로 다녔지만 늙어서는 원하지 않는 곳으로 이끌려 갈 것"이라고 말씀하심으로써, 베드로가 예수님을 위해 고난을 받을 것을 예고하셨다.

그리스도인들은 모두 자신이 하나님의 이끄심을 따라가는 인생임을 고백하는 사람들이다. 우리 가운데 자기가 먼저 주님을 선택했다고 생각하는 사람은 없다. 주님이 우리를 찾아오셔서 우리를 선택하시고, 우리를 하나님의 자녀와 하나님 나라의 일꾼으로 불러 주셨다. 우리 인생의 주도권은 자신에게 있지 않고 하나님께 있다. 하나님께서 이끄시고, 우리는 그분을 따라간다. 하나님의 이끄심을 따라 지금 여기까지 왔으며, 앞으로도 그것을 따라 살 것이다. 하나님의 이끄심을 따라가는 사람은 미래를 걱정하지 않는다. 하나님이 가장 좋은 길로 인도해 주실 것을 믿기 때문이다. 또한 하나님께 이끌려 사는 사람은 자신의 실패에도 좌절하지 않는다. 하나님께서는 우리의 거듭되는 실패에도 불구하고 우리를 버리지 않고, 다시 일으키시고, 새로운 사명을 맡기시며, 가장 복된 인생의 길로 인도하신다. 이것은 내 인생의 고백이기도 하다. 지금까지 하나님께서는 나의 거듭되는 실패에도 불구하고 나를 다시 일으켜 주시고, 새로운 사명을 맡기시고, 가장 복된 길로 인도해 주셨다. 그리고 나의 앞날도 하나님께서 가장 좋은 길로 이끌어 가실 것을 믿는다.

예수님은 가이사랴 빌립보에서 제자들에게 "너희는 나를 누구라 하느냐?"라고 물으신 것처럼 오늘 우리에게 물으신다. "너희는 나를 누구라 하느냐?" 이 물음에 어떻게 대답할 것인가? 그 대답의 의미를 제대로 알고 있는가? 물론 우리는 (당시의 제자들과 달리) 예수님이 왕적 메시아가 아니라 십자가에 달리심으로써 우리를 구원하신 그리스도라는 사실을 알고 있다. 그럼에도 불구하고 여전히 우리가 예수님의 제자들처럼 서로 누가 높은지로 다투고 있다면, 그리고 자기를 부인하고 십자가의 길을 따르지 못한다면, 아니 적어도 그러한 자신을 돌아보며 애통해하지 않는다면, 우리는 예수님의 그리스도 되심이 어떤 의미인지 진정으로 알고 고백하는 것이 아니다. 예수님을 그리스도라고 고백하면서도 십자가의 고난 없는 영광의 주님만을 믿고자 한다면, 우리는 아직도 올바른 믿음을 가진 제자가 아니다. 만일 우리가 이러한 믿음에 머물러 있다면, 우리는 결국 베드로와 제자들처럼 십자가의 현장에서 다시금 예수님을 부인하고 도망치고 말 것이다.

우리는 베드로의 인생을 숙고하면서, 그의 실패를 반복하지 않겠노라고 새롭게 결심해야 한다. 내가 과연 자기를 부인하고 십자가의 길을 따르고 있는지 다시 한 번 깊이 돌아봐야 한다. 참으로 감사한 것은 우리가 베드로와 같은 실패를 반복한다 해도, 주님께서 언제나 다시 우리를 찾아오셔서 용서하시고, 일으켜 세우시고, 새롭게 부르신다는 사실이다. 그러므로 실패에도 불구하고 우리가 진정으로 주님을 사랑하는지가 중요할 뿐이다. 주님은 우리의 실패를 보지 않으시고, 우리 마음속에 주님을 향한 사랑이 있는지만을 보신다. "내가 주님을 사랑하는 줄을 주님께서 아시나이다."라는 베드로의 고백처럼, 우리 마음속에 주님을 향한 사랑이 있으면 된다. 하나님께서는 우리의 모든 실패에도 불구하고 우리를 향하신 하나님의 뜻을 반드시 이루실 것이며, 우리의 인생을 영광스러운 미래로 이끄실 것이다.

우리 모두에게 이와 같은 하나님의 은혜가 있기를 축원한다. 갈릴리 호수에서 이름 없는 어부로 살다 죽었을 베드로가 하나님 나라의 일꾼으로 부름 받아 하나님께 큰 영광을 돌리고, 인류의 역사 속에서 길이 기억되는 위대한 사도가 된 것을 기억하자. 우리 모두 하나님께 영광을 돌리고 복된 인생을 사는 주님의 제자들, 하나님 나라의 일꾼들이 되기를 기도한다.

영생의 복음

예수님은 자신이 선한 목자이며, 선한 목자는 양들을 위해 목숨을 버린다고 말씀하셨다. "나는 선한 목자다. 선한 목자는 양들을 위하여 목숨을 버린다"(요 10 : 11). 선한 목자의 사랑은 양들을 위해 자기 목숨을 버릴 정도로 극진하다. 선한 목자가 자기 목숨을 버리는 것은 양들에게 생명을 주기 위해서이다. 예수님은 "내가 온 것은 양으로 생명을 얻게 하고 더 풍성히 얻게 하려는 것이라"(요 10 : 10)고 말씀하셨다. 예수님의 자기희생적인 사랑은 양들, 즉 예수님을 따르는 사람들에게 풍성한 생명을 가져온다.

요한복음의 특징 가운데 하나는 예수님이 제자들을 단지 양이 아니라 친구라고 부른다는 점이다. "이제부터는…… 너희를 친구라 하였노니 내가 내 아버지께 들은 것을 다 너희에게 알게 하였음이라"(요 15 : 15). 요한복음은 예수님을 사랑하는 제자들, 즉 친구들을 위해 자기 목숨을 내어 준 분으로 묘사한다.

예수님이 죽은 나사로를 살리는 이야기는 요한복음의 전환점이다. 즉, 이 이야기 이전까지 요한복음이 일곱 가지 기적을 중심으로 하는 표적의 책이었다면, 이후로는 십자가와 부활 사건을 중심으로 하는 영광의 책으로 전환한다. 그리고 예수님이 사역하시는 대상은 대중들로부터 곁에 있는 제자들 또는 친구 등 자기 사람들로 바뀐다. 예수님은 이들을 끝까지 사랑하셨다. 나사로는 예수님이 극진하게 사랑하는 친구들 가운데 한 명이었다. 예수님이 나사로의 무덤을 향해 가면서 눈물을 흘리자 유대인들은 말한다. "보라 그를 얼마나 사랑하셨는가?"(요 11 : 36).

리처드 보컴(Richard Bauckham)은 요한복음에서 예수님이 인간보다는 신적 존재로 나타난다고 보는 사람들이 간과하기 쉬운 한 가지 사실을 지적한다. 그것은 요한복음 저자가 예수님의 죽음을 사랑하는 친구들을 위한 죽음으로 이해하며, 친구들을 향한 예수님의 인간적 다정함을 드러내고자 한다는 사실이다. 물론 예수님의 사랑을 그분의 작은 친구 집단에 제한할 수는 없다. 그러나 보컴은 "예수님이 실제로 알고 인간적으로 사랑하는 사람들처럼 사랑하지 않았다면 예수님의 죽음이 세상을 향한 하나님의 사랑을 표현한 것일 수 없다."고 주장하면서, "친구들을 향한 전적으로 인간적인 예수님의 사랑을 통해서만 세상을 향한 하나님의 사랑이 인간의 모양으로 드러날 수 있었다."[1] 고 강조한다.

---

1 리처드 보컴, 『요한복음 새롭게 보기』 (서울 : 새물결플러스, 2016), 138.

요한복음의 중심 주제는 영원한 생명, 즉 영생이다. 요한복음에서 영생 개념은 공관복음의 하나님 나라 개념과 같은 의미로 사용된다. 공관복음에서 복음이 하나님의 통치가 이루어지는 나라의 도래에 관한 소식이라면, 요한복음에서 복음은 예수님을 믿으면 영생을 얻는다는 소식이다. 공관복음에서 예수님이 말씀과 기적을 통해 하나님 나라를 보여 주신다면, 요한복음에서는 기적과 강화를 통해 영생을 약속하신다. 하나님 나라는 영원한 생명의 나라이다.

요한복음의 예수님은 영원한 생명을 주시는 주님이다. 예수님은 사람들에게 영생을 주기 위해 세상에 오셨다. "하나님이 세상을 이처럼 사랑하사 독생자를 주셨으니 이는 그를 믿는 자마다 멸망하지 않고 영생을 얻게 하려 하심이라"(요 3:16). 오병이어의 기적 후에 예수님은 말씀하셨다. "썩을 양식을 위하여 일하지 말고 영생하도록 있는 양식을 위하여 하라 이 양식은 인자가 너희에게 주리니"(요 6:27). 예수님이 선한 목자로서 세상에 온 것은 "양으로 생명을 얻게 하고 더 풍성히 얻게"(요 10:10) 하기 위함이다. 예수님은 죽은 나사로를 살리시면서 "나는 부활이요 생명이니 나를 믿는 자는 죽어도 살겠고 무릇 살아서 나를 믿는 자는 영원히 죽지 아니하리니"(요 11:25-26)라고 말씀하셨다.

예수님이 영생을 주시는 주님이라는 가장 큰 표적은 부활이다. 요한은 부활하신 예수님 안에서 영원한 생명을 경험했을 뿐만 아니라 예수님 자신을 영원한 생명으로 경험했다. "태초부터 있는 생명의 말씀에 관하여는 우리가 들은 바요 눈으로 본 바요 자세히 보고 우리의 손으로 만진 바라 이 생명이 나타내신 바 된지라 이 영원한 생명을 우리가 보았고 증언하여 너희에게 전하노니……"(요일 1:1-2).

영원한 생명, 즉 영생이란 무엇인가? 영생이란 지상에서의 생명이 무한히 지속되는 것이 아니다. 또한 지상의 삶(생명)에 대한 영원한 기억을 의미하지도 않는다. 영생은 생명의 양적 길이가 아니라 질적 깊이다. 무엇이 생명을 질적 깊이에 이르게 하는가? 그것은 사랑이다. 사랑은 지상의 생명을 영원한 생명으로 만든다. 요한은 "우리는 형제를 사랑함으로 사망에서 옮겨 생명(영원한 생명)으로 들어간"(요일 3:14)다고 말씀한다. 그렇다! 사랑하는 생명은 사랑함으로써 그 자체로 영원한 생명이 된다. 그리고 가장 고귀한 사랑은 친구를 위해 자기 목숨을 버리는 사랑이다. 선한 목자이신 예수님은 이 자기희생적인 사랑을 통해 우리의 생명을 살리시고, 우리를 영생의 길로 인도하신다.

생명을 충만한 깊이, 즉 영생에 이르게 하는 사랑은 직설법(indicative)이자 동시에 명령법(imperative)으로 주어진다. 요한은 말씀한다. "사랑은 여기 있으니 우리가 하나님을 사랑한 것이 아니요 하나님이 우리를 사랑하사 우리 죄를 속하기 위하여 화목제물로 그 아들을 보내셨음이라 사랑하는 자들아 하나님이 이같이 우리를 사랑하셨은즉 우리도 서로 사랑하는 것이 마땅하도다"(요일 4:10-11). '하나님이 우리를 사랑하셔서 화목 제물로 그 아들을 보내신 것'은 사랑의 직설법이고, '우리도 서로 사랑하는 것'은 사랑의 명령법이다. 한편으로, 영생은 아들 예수 그리스도 안에 나타난 하나님의 사랑을 믿음으로 주어진다. "아들을 믿는 자에게는 영생이 있"(요 3 : 36)다. 다른 한편으로, 영생은 사랑의 계명을 지키는 데 있다. "내가 아버지의 계명을 지켜 그의 사랑 안에 거하는 것 같이 너희도 내 계명을 지키면 내 사랑 안에 거하리라"(요 15 : 10).

예수님은 새 계명을 준다고 말씀하신다. "새 계명을 너희에게 주노니 서로 사랑하라 내가 너희를 사랑한 것 같이 너희도 서로 사랑하라"(요 13 : 34). 서로 사랑하라는 계명은 모세를 통해 주어진 옛 계명 "원수를 갚지 말며 동포를 원망하지 말며 네 이웃 사랑하기를 네 자신과 같이 사랑하라"(레 19 : 18)와 다르지 않다. 예수님의 계명이 새 계명인 까닭은 '내가 너희를 사랑한 것 같이' 너희도 서로 사랑하라는 데 있다. 다시 말하면, 예수님이 우리를 위해 자기 목숨을 버리기까지 우리를 사랑하신 것같이, 우리도 친구를 위해 자신의 목숨을 버리기까지 사랑하라는 것이다. "내 계명은 곧 내가 너희를 사랑한 것 같이 너희도 서로 사랑하라 하는 이것이니라 사람이 친구를 위하여 자기 목숨을 버리면 이보다 더 큰 사랑이 없나니"(요 15 : 12-13). 예수님은 친구를 위해 자기희생적인 사랑을 실천하는 것이 영생의 길이라고 말씀하신다.

그러나 여기서 '내가 너희를 사랑한 것 같이'는 단지 우리가 따라야 할 모범인 것만은 아니다. 우리를 위해 자기 목숨을 버린 예수님의 사랑은 하나의 모범적 사랑의 범례일 뿐만 아니라, 우리의 죄를 용서하고 구원하는 구속적(redemptive) 사랑이다. 예수님 안에 나타난 하나님의 사랑은 우리의 죄를 용서함으로써 우리를 변화시켜, 서로 사랑할 수 있는 사람으로 새롭게 만든다. 그러므로 이 하나님의 사랑을 받은 사람은 사랑하지 않을 수 없다. 따라서 예수님을 믿는 믿음과 예수님의 계명을 실천하는 사랑의 삶은 분리되지 않는다. 우리는 믿음과 사랑을 통해 예수 그리스도 안에 거함으로써 영생으로 들어간다.

바울은 예수님의 부활을 모든 인간에게 일어날 보편적 부활의 첫 열매, 즉 선취로 이해했다. "이제 그리스도께서 죽은 자 가운데서 다시 살아나사 잠자는 자들의 첫 열매가 되셨도다 사망이 한 사람으로 말미암았으니 죽은 자의 부활도 한 사람으로 말미암는도다 아담 안에서 모든 사람이 죽은 것 같이 그리스도 안에서 모든 사람이 삶을 얻으리라"(고전 15 : 20-22). 예수님의 부활 현현 이야기들은 예수님이 단지 죽음의 관문을 통과하여 불멸의 세계로 들어간 것이 아니라 죽음의 권세를 무력화시키셨음을 보여 준다. 바울은 사망이 멸망 받고 삼켜질 것이라고 말한다. "맨 나중에 멸망 받을 원수는 사망이니라"(고전 15 : 26). "이 썩을 것이 썩지 아니함을 입고 이 죽을 것이 죽지 아니함을 입을 때에는 사망을 삼키고 이기리라고 기록된 말씀이 이루어지리라 사망아 너의 승리가 어디 있느냐 사망아 네가 쏘는 것이 어디 있느냐"(고전 15:54-55). 예수 그리스도의 부활은 하나님께서 죽음의 권세에 승리하셨다는 표징이다.

그러면 우리는 언제 예수 그리스도의 부활에 참여하는가? 저녁에 잠이 들면 다음날 아침에 깨어나듯이, 우리는 죽음의 잠이 들고 눈을 뜨는 즉시 부활할 것이다. 그리고 죽음의 잠은 오래 계속되지 않을 것이다. 위르겐 몰트만(Jürgen Moltmann)은 우리가 미래에 무덤에서 부활하는 것이 아니라 죽음의 순간에 부활할 것으로 믿는다.[2] 즉, 죽음은 종말인 동시에 새로운 시작이다. 몰트만에 따르면 "죽음은 이 세계에서 영위한 삶의 종말이고, 장차 올 세계 안에서 누릴 생명의 시작이다."[3]

그러나 영생은 단지 죽음 이후가 아니라 예수 그리스도를 믿는 믿음 안에서 지금 여기서 누리는 생명이다. "내 말을 듣고 또 나 보내신 이를 믿는 자는 영생을 얻었고 심판에 이르지 아니하나니 사망에서 생명으로 옮겼느니라"(요 5:24). 지금 누리는 지상에서의 영생과 사후의 영생은 죽음에 의해 단절되지 않는다. 사랑은 죽음보다 강하다. 사랑은 그 자체가 영원한 생명이다. 예수님의 십자가 안에 나타난 하나님의 사랑은 세상의 그 무엇보다도 강한 하나님의 능력이다.

---

2. 위르겐 몰트만, 이신건 역, 『나는 영생을 믿는다』 (서울 : 신앙과지성사, 2020), 64-88.
3. 위의 책, 131.

그 무엇도 우리를 '주 예수 그리스도 안에 있는 사랑'에서 끊을 수 없다(롬 8 : 38-39). 하나님께서 사랑 안에서 우리를 붙들고 계시기 때문이다. 죽음에서 세계와의 관계는 끊어지지만, 하나님과의 관계는 끊어지지 않는다. 삶의 전체성 안에서 우리의 영혼, 즉 생명은 영원하신 하나님의 사랑의 품 안에 있다.

우리가 영위한 삶의 전체성은 죽는 순간에 영생으로 부활할 것이다. 지상에서 우리가 몸을 입고 영위한 생명, 즉 영혼은 새로운 몸을 입고 부활할 것이다. 바울에 따르면 이 새로운 몸은 썩지 않고, 영광스럽고, 강하고, 신령한 영의 몸이다. "죽은 자의 부활도 그와 같으니 썩을 것으로 심고 썩지 아니할 것으로 다시 살아나며 욕된 것으로 심고 영광스러운 것으로 다시 살아나며 약한 것으로 심고 강한 것으로 다시 살아나며 육의 몸으로 심고 신령한 몸으로 다시 살아나나니 육의 몸이 있은즉 또 영의 몸도 있느니라"(고전 15 : 42-44). 주님은 우리의 몸을 영광의 몸으로 변화시켜 주실 것이다. "그는 만물을 자기에게 복종하게 하실 수 있는 자의 역사로 우리의 낮은 몸을 자기 영광의 몸의 형체와 같이 변하게 하시리라"(빌 3 : 21). 사도신경은 이렇게 고백한다. "죄를 용서받는 것과 몸의 부활과 영생을 믿습니다." 아멘. 나는 영생을 믿는다.

영생의 복음

초판인쇄 2021년 9월 14일
초판발행 2021년 9월 23일
지 은 이 윤철호
펴 낸 이 채형욱
펴 낸 곳 한국장로교출판사
주 소 03129 / 서울시 종로구 대학로 19, 409호(연지동, 한국기독교회관)
전 화 (02) 741 - 4381 / 팩스 741 - 7886
영 업 국 (031) 944-4340 / 팩스 944 - 2623
등 록 No. 1-84(1951. 8. 3.)
ISBN 978 - 89 - 398 - 4428 - 5 / Printed in Korea

편 집 장 정현선
교정·교열 오원택 김지웅 박신애 **표지·본문 디자인** 최종혜
업무국 부국장 박호애 **영업국 부국장** 박창원

값 14,000원